非営利・政府会計
テキスト

宮本幸平 ［著］

創成社

はじめに

　本書は，学部学生および大学院生を対象に，非営利法人および地方自治体（都道府県・市町村）の会計制度・基準について解説するテキストである。

　また本書は，著者が 2012 年に創成社より出版した『非営利組織会計テキスト』に対し，学校法人会計の章を追加し，また地方政府会計の新基準（平成 26 年改正）を盛り込むなどして，大幅に加筆・修正したものである。さらに，非営利組織会計と政府会計とは財務諸表の体系および連携構造に大きな違いがあるため，当該峻別化を図るべく『非営利・政府会計テキスト』と書名を改めている。

　わが国の代表的な非営利法人には，公益法人，社会福祉法人，NPO 法人，医療法人，学校法人などがある。これらの法人は，企業のように利益の獲得を活動の目的とせず，寄付金や補助金など対価の提供を要さない受取資金を財源として，公共性の高いサービス提供を目的とする組織である。具体的には，学術振興，高齢者の福祉増進，勤労支援，青少年教育，ボランティア活動，環境保護，医療活動など，社会が必要とする広範囲のサービスを提供している。

　また地方自治体は，住民の福祉増進のため行政活動を行う機関である。当該組織においても非営利法人と同様に，利益獲得を第一義とせず，法効力によって徴収される税金を主たる財源として，地域振興，社会福祉，教育整備，環境整備など，さまざまなサービスを地域住民に提供している。

　そして，非営利法人と地方自治体に共通の特質として，予算が制約的であること，当該状況下で最大の成果を目指すことが挙げられる。いずれの組織においても，予算編成とそのコントロールが組織管理の根幹といえる。ところが今日の地方政府においては，少子高齢化が原因となって財政悪化と予算削減が常態化している。そしてこれに起因し，非営利法人による公共サービス代替の社

会要請が日増しに高まっている。

そのため，地方政府はいかに政策の有効性を担保しつつ歳出削減を達成するか，非営利法人はいかに補助金・助成金を獲得して政府の活動を補完できるかが，今日の重要課題といえる。そこで，こうした財務マネジメントの達成状況を組織内外にアピールするため，会計制度・基準の整備が不可欠となる。

本書では以上の点を勘案し，各非営利法人および地方政府の会計基準，計算書の様式と機能，計算処理方法などにつき幅広く説明している。全体構成としては，第1部「非営利組織の会計」と第2部「地方政府の会計」に峻別される。第1部では，第1章から第7章で「公益法人会計」，第8章で「社会福祉法人会計」，第9章で「NPO法人会計」，第10章で「病院会計」，第11章で「学校法人会計」について各々説明されている。そして第2部（第12～18章）では，「地方政府会計」について説明されている。

各章の具体的な記述事項については，①会計の意義（基準設定主体にどのような意図・理念があるか），②計算書の様式と表示科目，③計算構造（複式簿記を前提とする財務諸表間の連携），④会計処理（実務における仕訳），⑤財務諸表の機能（利用によりどのような効果があるか）などが主なものである。

筆者において非営利組織会計の知見が養成されたのは，京都大学制度派会計学ワークショップによる処が大きい。主催の藤井秀樹京都大学教授には，常日頃より多岐に渡る御指導・啓示を頂戴している。紙上にて不躾ではあるが，改めて御礼を申し上げたい。

本書の出版にあたっては，創成社西田徹氏に並々ならない御尽力を頂いた。ここで，深く感謝の意を表したい。

最後に，本書の出版を快諾頂いた，創成社社長塚田尚寛氏をはじめとする創成社の皆様に対して，こころより御礼を申し上げたい。

2017年3月1日

宮本幸平

v

目　　次

はじめに

第1部　非営利組織の会計

第1章　わが国の非営利組織会計 ——————————— 3

1．非営利組織の特質と会計の役割 ·················3

　　1．1　非営利組織の特質　3
　　1．2　非営利組織における会計の役割　4

2．非営利組織会計の分類 ·················5

3．非営利組織会計における財務諸表の体系 ·················6

4．非営利組織における会計の機能 ·················6

第2章　公益法人会計の「貸借対照表」 ——————————— 9

1．公益法人会計／貸借対照表の概要 ·················9

2．公益法人会計／貸借対照表の内容 ·················10

　　2．1　資産の部　10
　　2．2　負債の部　11
　　2．3　正味財産の部　11

3．貸借対照表の機能 ·················12

第3章　貸借対照表「資産の部」 ——————— 15

1．公益法人会計／貸借対照表における「資産の部」科目の概要
——————— 15

2．流動資産の表示科目 ——————— 17
2．1　現金預金　17
2．2　受取手形・未収会費・未収金・貸付金等　17
2．3　前払金・前払費用　17
2．4　有価証券（流動資産）　18
2．5　棚卸資産　18

3．固定資産の表示科目 ——————— 18
3．1　基本財産・特定資産・その他固定資産の特質　19
3．2　減価償却の会計処理　20
3．3　減損会計の計算処理　21
3．4　有価証券の評価　21
3．5　リース会計の計算処理　24

4．「資産の部」時価情報の機能 ——————— 26

第4章　貸借対照表「負債の部」 ——————— 29

1．公益法人会計／貸借対照表における「負債の部」表示科目
——————— 29
1．1　流動負債　30
1．2　固定負債　30

2．引当金の計算処理 ——————— 30
2．1　貸倒引当金　30
2．2　賞与引当金　32
2．3　退職給付引当金　32
2．4　役員退職慰労引当金　34

3．「使途が制約される寄付金等」を「負債」とする考え方 ——— 34

目　次　vii

第5章　貸借対照表「正味財産の部」————— 37

1．公益法人会計／貸借対照表における「正味財産の部」表示科目
··37
1．1　「正味財産の部」の表示科目　37
1．2　「正味財産の部」を二区分する論拠　38
1．3　「基本財産」・「特定資産」への充当額表示の意義　39

2．「寄付金」および「補助金」の表示規定················40
2．1　寄付金の表示規定　40
2．2　補助金の表示規定　42

3．「正味財産の部」の計算構造·····························42
3．1　「指定正味財産」と「正味財産増減計算書」の連携　43
3．2　「一般正味財産」と「正味財産増減計算書」の連携　44

第6章　公益法人会計の「正味財産増減計算書」————— 47

1．公益法人会計／正味財産増減計算書の概要············47
2．公益法人会計／正味財産増減計算書の表示科目········49
3．正味財産増減計算書の計算構造·························50
4．正味財産増減計算書の計算処理·························51
4．1　基本的な計算処理　51
4．2　「指定正味財産の部」から「一般正味財産の部」への振替　52
5．「正味財産増減計算書」情報の機能·····················54

第7章　公益法人会計の「キャッシュ・フロー計算書」—— 57

1．公益法人会計／キャッシュ・フロー計算書の概要········57

2．公益法人会計／キャッシュ・フロー計算書の表示科目┈┈┈┈58

　　　　2．1　「直接法」による表示　58

　　　　2．2　「間接法」による表示　59

　　3．キャッシュ・フロー計算書の計算構造┈┈┈┈┈┈┈┈┈┈61

　　4．「キャッシュ・フロー計算書」情報の機能┈┈┈┈┈┈┈┈63

第8章　社会福祉法人会計 ————————— 65

　　1．社会福祉法人会計基準／総則┈┈┈┈┈┈┈┈┈┈┈┈┈65

　　　　1．1　「一般原則」　66

　　　　1．2　財務諸表の「区分」　66

　　2．社会福祉法人会計／資金収支計算書┈┈┈┈┈┈┈┈┈┈67

　　3．社会福祉法人会計／事業活動計算書┈┈┈┈┈┈┈┈┈┈70

　　　　3．1　事業活動計算書の概略　71

　　　　3．2　サービス活動増減の部　71

　　　　3．3　サービス活動外増減の部　73

　　　　3．4　特別増減の部　73

　　　　3．5　繰越活動増減差額の部　75

　　4．社会福祉法人会計／貸借対照表┈┈┈┈┈┈┈┈┈┈┈┈75

　　　　4．1　貸借対照表の概略　76

　　　　4．2　資産および負債の部　76

　　　　4．3　純資産の部　77

　　5．社会福祉法人会計／附属明細書┈┈┈┈┈┈┈┈┈┈┈┈78

第9章　NPO法人会計 ————————— 81

　　1．NPO法人会計基準の目的┈┈┈┈┈┈┈┈┈┈┈┈┈┈┈81

　　2．NPO法人会計／活動計算書┈┈┈┈┈┈┈┈┈┈┈┈┈┈82

　　　　2．1　活動計算書の表示科目　82

目　次　ix

2．2　収益及び費用の認識・測定に係る基準　85

2．3　活動計算書に計上されるNPO法人特有の取引等　86

3．NPO法人会計／貸借対照表 ────────────────────────── 87

3．1　貸借対照表の表示科目　88

3．2　貸借対照表に計上されるNPO法人特有の取引等　89

第10章　病院会計 ──────────────────────────── 93

1．「病院会計準則の目的」 ─────────────────────────────── 93

2．病院会計／貸借対照表 ──────────────────────────────── 94

2．1　貸借対照表の概略　94

2．2　資産の部　95

2．3　負債の部　96

2．4　純資産の部　97

2．5　「貸借対照表原則」における資産・負債の評価　98

3．病院会計／損益計算書 ──────────────────────────────── 99

3．1　損益計算書の概略　99

3．2　表示区分と科目　101

3．3　収益・費用の定義と原則　102

4．病院会計／キャッシュ・フロー計算書 ───────────────────── 102

4．1　キャッシュ・フロー計算書の概略　103

4．2　「資金」の範囲　104

4．3　キャッシュ・フロー計算書の区分　105

4．4　キャッシュ・フロー計算書の表示方法　105

5．病院会計／附属明細表 ──────────────────────────────── 106

第11章　学校法人会計 ─────────────────────────── 109

1．新学校法人会計基準の目的と改正の概要 ──────────────────── 109

2．学校法人会計／資金収支計算書 ─────────────────────────── 110

3．学校法人会計／事業活動収支計算書 113

4．学校法人会計／貸借対照表 115

5．学校法人会計における財務諸表の連携構造とその意義 118

第2部　地方政府の会計

第12章　わが国地方政府の会計 ——————— 123

1．地方政府における会計の意義 123

2．企業会計と政府会計の機能の相違点 124

3．地方公会計制度の形成経緯 125

4．財務書類の体系 126

5．政府会計の情報利用者 128

　5．1　総務省報告書で規定される情報利用者　128

　5．2　アメリカ政府会計概念書で規定される情報利用者　128

第13章　政府会計の「基本目的」——————— 131

1．GASB が規定する政府会計の「基本目的」............... 131

2．FASAB が規定する政府会計の「基本目的」............... 132

　2．1　FASAB が規定する4つの「基本目的」　132

　2．2　「基本目的」をみたす財務書類　133

3．わが国総務省が規定する政府会計の「基本目的」............... 135

第14章　政府会計の「貸借対照表」——————— 137

1．政府会計／貸借対照表の概要 137

目　次　xi

　　2．貸借対照表／資産の部の表示科目 ·· 138

　　　　2．1　固定資産　138

　　　　2．2　流動資産　140

　　3．貸借対照表／負債の部の表示科目 ·· 141

　　　　3．1　固定負債　141

　　　　3．2　流動負債　142

　　4．貸借対照表／純資産の部の表示科目 ·· 142

　　　　4．1　固定資産等形成分　143

　　　　4．2　余剰分　143

　　5．政府会計／貸借対照表の機能 ·· 143

第15章　貸借対照表における「資産の部」の評価 —— 145

　　1．「資産の部」の表示科目 ··· 145

　　2．投資その他の資産の評価 ·· 147

　　　　2．1　有価証券　147

　　　　2．2　出資金　148

　　　　2．3　基　金　148

　　3．事業用資産の評価 ·· 149

　　4．無形固定資産の評価 ·· 149

　　5．インフラ資産の評価 ·· 150

第16章　政府会計の「行政コスト計算書」 —————— 151

　　1．行政コスト計算書の制度形成経緯 ·· 151

　　　　1．1　「調査研究会」報告書の制度形成経緯　151

　　　　1．2　「制度研究会」および「実務研究会」の設立と報告書公表　152

　　　　1．3　表示科目変更の経緯　153

2．行政コスト計算書の表示科目 ──────────────────── 154
　　　　2．1　行政コスト計算書の概略　154
　　　　2．2　経常費用　156
　　　　2．3　経常収益　156
　　3．行政コスト計算書の計算構造 ───────────────────── 157
　　4．行政コスト計算書の機能 ─────────────────────── 158

第17章　政府会計の「純資産変動計算書」────── 161

　　1．純資産変動計算書の表示構造とその意義 ────────────── 161
　　2．純資産変動計算書の表示科目 ────────────────────── 163
　　3．純資産変動計算書の計算構造 ────────────────────── 165
　　4．純資産変動計算書の機能 ─────────────────────── 166

第18章　政府会計の「資金収支計算書」──────── 169

　　1．資金収支計算書の意義 ──────────────────────── 169
　　2．資金収支計算書における「資金」概念 ───────────────── 170
　　3．資金収支計算書の表示科目 ─────────────────────── 170
　　　　3．1　資金収支計算書の概略　170
　　　　3．2　「業務活動収支」の表示科目　172
　　　　3．3　「投資活動収支」の表示科目　172
　　　　3．4　「財務活動収支」の表示科目　173
　　4．資金収支計算書の計算構造 ────────────────────── 173

索　引　175

第1部

非営利組織の会計

第1章
わが国の非営利組織会計

　本書は，わが国における非営利組織の会計につき，一般原則，財務諸表の表示科目，計算構造およびこれに基づく計算方法について述べていく。冒頭である本章は，導入的説明が示される。すなわち，企業との対比による非営利組織の特質と，これに対し会計が果たす役割が何であるかを示し（第1節），非営利組織会計にいかなる種類が存在するか（第2節），および各会計における財務諸表の体系がどのようであるか（第3節）について明らかにする。そのうえで，「非営利組織会計」の提供情報が具備する機能について説明する（第4節）。

1．非営利組織の特質と会計の役割

1.1　非営利組織の特質
　我々の社会において「非営利組織」と呼ばれる活動体は，公益性・公共性の面で企業よりも高いと考えられている。

　例えば，社会福祉法人やNPO法人の場合，企業と同様に利益追求を主目的とするのであれば，施設・設備投資の抑制，人件費の削減などを実施することにより，当該目的達成が可能となる。また病院等の医療機関でも，医療機器，医薬品への支出や，医師・薬剤師・看護士に対して支払う給料を減額すればよい。しかし，当該判断に基づく活動・行動は，提供サービスの劣化に帰結することが明らかである。このような「利益の追求 → コスト削減 → サービス劣化」というシナリオは，福祉・健康・教育・ボランティアといった，我々の社会生活の安寧に寄与する活動に対して負の影響を及ぼすことになる。

4

　したがって，社会に"welfare"（幸福・福利・福祉など）を提供する組織体に対しては，利益獲得を最優先としないところの諸活動を保証するべきである。かかる活動を実践可能とするためには，国家による助成，寄付者による金銭的幇助を促進するための法整備が必要となる。例えば，補助金・寄付金の提供のほか，法人税などの課税に関して特段の配慮が必要となる。

　こうした非営利組織の1つである「公益法人」において実施される代表的な事業を列挙すると，以下のとおりである。

① 学術および科学技術の振興を目的とする事業
② 文化および芸術の振興を目的とする事業
③ 障害者もしくは生活困窮者または事故，災害もしくは犯罪による被害者の支援を目的とする事業
④ 高齢者の福祉の増進を目的とする事業
⑤ 勤労意欲のある者に対する勤労の支援を目的とする事業
⑥ 公衆衛生の向上を目的とする事業
⑦ 児童または青少年の健全な育成を目的とする事業
⑧ 教育，スポーツ等を通じて国民の心身の健全な発達に寄与し，または豊かな人間性を涵養することを目的とする事業
⑨ 犯罪の防止または治安の維持を目的とする事業
⑩ 事故または災害の防止を目的とする事業
⑪ 国際相互理解の促進および開発途上にある海外の地域に対する経済協力を目的とする事業
⑫ 地域環境の保全または自然環境の保護および整備を目的とする事業

1.2　非営利組織における会計の役割

　周知のとおり，企業における諸活動の財源は，株主の出資金，債権者からの借入金等，および経常的収益が主たる構成要素である。そして株主に対しては，配当財源である利益がもたらされたかを報告・説明する義務がある。また

債権者に対しては，債務履行のための資金が確保されているか，当期に当該資金が増加しているかを示さなければならない（名目資本維持）。さらに，新たな投資を投資者に促すため，総資産に占める負債の比率を開示して安全性を明らかにする必要がある。

　これに対して非営利組織では，補助金や寄付金の受贈において，資本の保全度合（拘束された財産が保全されているか），正味財産の増減（受贈した財産がどのように増減したか，また維持されたか），資金繰り状況（年度収支が赤字でないか）などにつき，資金提供者である主務官庁や寄付者等に対して情報開示する責任がある（説明責任）。ここにおいて，非営利組織に対する会計制度整備の要請が生じることになる。

2．非営利組織会計の分類

　活動目的に基づく会計の分類（企業会計を含む）は，図表1－1に示すとおりである。非営利組織の会計は，公益法人，社会福祉法人，学校法人，医療法人，宗教法人，NPO法人，中間法人などに分類される。

図表1－1　会計単位の活動目的による会計の分類

```
        ┌─ 企 業 会 計（株式会社，合名会社，合資会社，合同会社）
        │
会 計 ──┼─ 政 府 会 計（国，地方自治体，独立行政法人，公営企業など）
        │
        └─ 非営利組織会計（公益法人，社会福祉法人，学校法人，医療法人，
                          宗教法人，NPO法人，中間法人など）
```

出所：藤井秀樹「財務会計論序説」『商経学叢』2009年，141頁。

3．非営利組織会計における財務諸表の体系

　主要な非営利組織の会計基準として，「公益法人会計基準」，「社会福祉法人会計基準」，「NPO法人会計基準」および「病院会計準則」で規定される財務諸表の体系は，図表1－2で示すとおりである。

図表1－2　非営利組織会計における財務諸表の体系

公益法人会計	社会福祉法人会計	NPO法人会計	病院会計
・貸借対照表 ・正味財産増減計算書 ・キャッシュ・フロー計算書（ただし大規模法人）	・貸借対照表 ・事業活動計算書 ・資金収支計算書 ・附属明細書 ・財産目録	・貸借対照表 ・活動計算書 ・財産目録	・貸借対照表 ・損益計算書 ・キャッシュ・フロー計算書 ・附属明細表

4．非営利組織における会計の機能

　以上の説明から，営利（会計上の利益と同義）の獲得を第一義としない非営利組織では，恒常的な資金不足が懸念事項となる。営利組織である企業は，資金投下・活動という「努力」に対し，その「成果」が剰余分を伴った資金として回収される。すなわち，「努力」に対して「成果」である資金が組織にもたらされる。

　これに対し非営利組織では，「努力」に応じて提供サービスの充実が図られるものの，資金的な「成果」の希求が本義ではない（例えば福祉やボランティア活動では利益を求めない）。すなわちサービスの充実でコストが膨らみ，活動原泉である資金が欠乏するというジレンマが起こる。そのため，活動の原資である補助金・寄付金の確保と，課税に対する優遇措置の受入が不可欠となる。

　そしてその見返りに，資産の保全度合，正味財産（資産から負債を差し引いた価

額）の増減，資金繰りの状況などにつき，会計的説明責任が生じる。そこで，資金の流れを網羅的に記録・測定し，この記録が勘定として設定されて，所有する財産・債権，弁済義務，現金収支，正味財産などが計算され，財務諸表として開示される。

こうした実情により，例えば公益法人会計では，①「資金提供者が使途制約する資金の総額」と，②「資産および正味財産の維持額」が査定できるように，表示科目が設定されている。

①については，貸借対照表「正味財産の部」において，「指定正味財産」が区分表示される。当該科目は，寄付者等により，その使途に制約が課されている資産の受入額であり，財務的に組織の維持が可能であるかを把握することができる。

②については，寄付行為または定款で「基本財産」と定めた定期預金，有価証券，土地などについて，貸借対照表「資産の部」に区分表示される。「基本財産」は法人の存立の基盤となるものであり，これを明示することで重要資産の維持について査定が可能となる[1]。

【注】

1）また，学校法人会計では，収入の一部を「基本金」として貸借対照表に組み入れる。これにより過大な支出を避止して正味財産の維持を図ることができる。

第2章
公益法人会計の「貸借対照表」

　前章（第1章）において，非営利組織会計の特質と財務諸表の体系および会計の機能が明らかにされた。本章では，まず公益法人会計／貸借対照表において区分・表示される構成要素の概要を説明し（第1節），各区分の内容を「公益法人会計基準」に基づいて明らかにする（第2節）。その上で，貸借対照表がどのような機能を持つかについて説明する（第3節）。

1. 公益法人会計／貸借対照表の概要

　公益法人会計／貸借対照表の包括的な規定として，基準第2の1「貸借対照表の内容」では，「当該事業年度現在におけるすべての資産，負債及び正味財産の状態を明りょうに表示するものでなければならない。」とされている。

　また，基準第2の2「貸借対照表の区分」において，「貸借対照表は，資産の部，負債の部及び正味財産の部に分かち，更に資産の部を流動資産および固定資産，負債の部を流動負債及び固定負債に，正味財産の部を指定正味財産及び一般正味財産に区分しなければならない。」と規定されている[1]。

　公益法人会計における貸借対照表の概略は図表2−1のとおりである。

10

> 図表２－１　公益法人会計／貸借対照表の概要

（資産の部） 　流動資産 　固定資産	（負債の部） 　流動負債 　固定負債
	（正味財産の部） 　指定正味財産 　一般正味財産

２．公益法人会計／貸借対照表の内容

　ここでは，公益法人会計／貸借対照表の全体像を把握するため，第２段区分までの内容について説明する（第３段区分以降の具体的な科目については，第３章～第５章にて説明する）。

２．１　資産の部

　「資産」とは組織が所有する財産であり，法的権利（物権・債権）を有しており，「流動資産」と「固定資産」に区分される。

1 流動資産

　流動資産は，短期間（通常１年以内）に組織において保有され使用される資産で，現金・預金・受取手形などの支払手段となるもの，未収入金・未収会費などの近い将来に現金となる債権，前払金・前払費用などの支払済であるが今期の義務とならないもの（したがって，すでに支払済である権利）により構成される。

2 固定資産

　固定資産は，長期間（通常１年以上）に組織において保有され使用・運用される資産で，土地・建物・車両運搬具・電話加入権など，組織活動の運営に必要で，「用役潜在力」を持つものをいう。また投資有価証券・退職給付引当資産

（退職給付を支払うための特定預金等のこと）など，積立・運用を行う資金により構成される。

2.2 負債の部

「負債」とは，将来において同価額の資産減少を伴うもので，組織が保有する法的債務（弁済義務）の価額を意味する。資産と同様，「流動負債」と「固定負債」に区分される。

1 流動負債

流動負債は，短期間（通常1年以内）において組織が負う債務で，短期借入金・未払金・未払費用など本来発生している支払義務，源泉所得税の預り金（従業員から預かった所得税の源泉徴収分），前受金（当期の収益とならないが先に受け取った現金）により構成される。

2 固定負債

固定負債は，長期間（通常1年以上）において組織が負う債務（法的な弁済義務）で，長期借入金や退職給付引当金などにより構成される。

2.3 正味財産の部

「正味財産」とは，組織が保有して物権・債権を具備する「資産」から，債務の総価額である「負債」を差し引いた価額である。組織活動の維持に必要な科目群である「資産」は法的に所有する権利であり，他方，資産調達の財源の一部である「負債」は法的に弁済義務を負うものの科目群である。

法的弁済義務は法的権利で賄う必要があるため，権利から義務を差し引いた残存価額が，組織の保有する正味の財産（組織が所有する，誰からも権利を侵害されない価額）となる。「正味財産」は「指定正味財産」と「一般正味財産」に区分される。

1 指定正味財産

「指定正味財産」は，資金提供者である主務官庁や寄付者等の意図によって使途が制限される財源の価額であり，当該制限の情報が明示されれば，財務上の組織維持力を把握することができる。

2 一般正味財産

「一般正味財産」は，制約がかからない財源の価額であり，当該情報は法人の支払能力を判断するために利用される。

3．貸借対照表の機能

非営利組織会計の貸借対照表は，これを一般に対して開示することで，組織における資産，負債，正味財産の状況を第三者（非営利組織に助成金・補助金を支払う官庁等の団体および寄付者などの委託者）に説明するものである。貸借対照表が具備する機能（利用方法）を列挙すると，以下のとおりである。

- 「資産」を維持する財源のうち，弁済義務を負う「負債」と，これを負わない「正味財産」の比率が明らかとなる。「正味財産」の比率が大きければ，その分だけ財政状態が健全であると委託者・出資者が判断できる。
- 流動資産は当座の「支払能力」を示すものであるため，当座の支払義務である流動負債に対する流動資産の比率が大きければ，その分だけ組織の安全性が高いと委託者・出資者が判断できる。
- 固定資産は組織活動の存立・維持の基盤となるものであるが，同時に「支払能力」を制約するものとなる（固定資産を購入すれば，その分，現金・預金など支払の財源が減少する）。したがって，固定資産の比率が大きければ，その分だけ「支払能力」に注意を要する状況にあると，委託者・出資者が判断できる。

第2章　公益法人会計の「貸借対照表」　13

- 将来に支払うべき退職給付のための資金（したがって，組織の活動に直接的には貢献しない資金）がどれだけあるかを，委託者・出資者が判断できる。

- 公益法人会計では，正味財産を「指定正味財産」と「一般正味財産」に類別する。指定正味財産は，寄付者等の委託者によってその使途に制約が課される財源であるため，この割合の多寡により，財務的に組織維持が可能であるかを委託者・出資者が判断できる。

【注】

1）さらに同基準注解4では，貸借対照表における資産，負債，正味財産は「総額主義」に基づいて表示し，資産の項目と負債・正味財産の項目を相殺することで貸借対照表から除去してはならないことが規定されている。

第3章
貸借対照表「資産の部」

　前章（第2章）において，公益法人会計／貸借対照表につき，構成要素である「資産」・「負債」・「正味財産」の概略を明らかにし，内在する機能について列挙した。貸借対照表における表示科目の区分は，支払い手段となる「流動資産」，活動の基盤となる「固定資産」，1年以内に弁済履行義務を負う「流動負債」，流動負債以外でかつ弁済履行義務を負う「固定負債」，委託者により使途制限されつつ組織持分となる「指定正味財産」，指定正味財産以外で組織持分となる「一般正味財産」である。そして，これら価額の割合（例えば，総資産に占める正味財産の割合や，流動資産と流動負債の比率）を計算することにより，当該組織の財政状態を第三者が把握できる。

　本章では以上の表示要素のうち，「資産の部」の表示科目を概観したうえで（第1節），流動資産の表示科目（第2節），固定資産の表示科目（第3節）についてそれぞれ説明する。そのうえで，「資産の部」情報に内在する機能について明らかにする。

1. 公益法人会計／貸借対照表における「資産の部」科目の概要

　貸借対照表に表示される「資産」は，民法上の物権・債権を具備し，会計上の要件である「換金性」を持つものであり[1]，「流動資産」と「固定資産」に区分される。流動資産は，1年以内に組織から流出するもので，当該価額が多ければ当座（近い将来）の支払能力が具備されて，組織維持の安全性が担保さ

16

図表 3 - 1　公益法人会計における「資産の部」科目

```
┌─ 流動資産 ──── 現金預金，受取手形，未収会費，未収金，前払金，有価証券，貯蔵品など
└─ 固定資産 ─┬─ 基本財産 ──── 投資有価証券，土地など
             ├─ 特定資産 ──── 退職給付引当資産，各種積立資産など
             └─ そ の 他 ──── 建物，車両運搬具，什器備品，土地，建設仮勘定，借地権，
                              投資有価証券など
```

れる。他方，固定資産は，1年以上組織に留まる資産で，当該価額が多ければ
活動に供される基盤が十分に備わることになる[2]。

　公益法人会計／資産の部の科目は，図表3-1のとおりである。

　公益法人会計／貸借対照表／資産の部の特徴的な科目である「基本財産」と
は，組織活動の維持・継続の基盤となるものであり，設立時の寄付行為・定款
で基本財産と定めた土地・建物，および設立後に理事会で組み入れることを決
めた財産などである。会計的資産要件としては，①元本が回収できること，②
固定資産として常識的な運用益が得られる（もしくは使用価値を有する）こと，③
投機的な性格を有するものでないこと，が挙げられる[3]。そして，表示の取消
しには理事会，主務官庁などによる承認が必要となる。

　また，基本財産と同一段で表示される「特定資産」には，一定の目的のため
に積み立てている預金や有価証券などが含まれる。主要科目である「退職給付
引当資産」とは，退職給付金を支払うためにストックされる特定預金をいう。

　このように公益法人会計では，企業会計に見られる営業循環基準および1年
基準に基づく流動・固定分類に止まらず[4]，組織存立と活動継続の基盤となる
資産をさらに峻別して表示するのが特徴である[5]。投資有価証券や土地などを
「基本財産」として顕在化することで，財政基盤の状況を把握することができ
る。

２．流動資産の表示科目

　公益法人会計／貸借対照表の流動資産は，現金・預金などの手許資金，受取手形・貸付金などの金銭債権，未収金・前払金などの発生主義に基づく繰延科目，一時的な資金運用のため保有する有価証券などに類別される。

２．１　現金預金
　現金，当座預金，普通預金，定期預金，郵便貯金などの期末残高で，支払手段となる手許資金である。

２．２　受取手形・未収会費・未収金・貸付金等
　受取手形・未収会費・未収金・貸付金等の債権は，取得価額から貸倒引当金等を控除した額をもって，貸借対照表の価額となる（公益法人会計基準第２の３(2)）。これらは，役務の提供等が完了して対価を未受領のものであり，法的請求権である。

　会計基準における，取得価額から控除する貸倒引当金とは，金銭債権のうち次年度以降に回収されない価額が合理的に見積もれる場合に，「保守主義」[6]の観点から先に債務として会計上処理するものである。期末時点において，次年度の債権のうち何パーセントかは戻らない（未回収となる）ことが過去の実績から明らかなときに，これを債務とみなして負債に計上し，同額を発生費用とする（計算処理は第４章「負債の部」において説明）。

２．３　前払金・前払費用
　前払金・前払費用は，当該年度に支払が完了したものの契約上は次期の費用である場合に，期末にいったん「資産」として繰り越される科目である。すでに支払済みであるため，本来の支払日に当該価額を充当できる権利となる。そして，次年度期首に戻し処理が行われた後，支払契約日到来時点で費用として

計上される。

2.4 有価証券 (流動資産)

　売買目的で保有する有価証券および1年以内に満期の到来する債券等で，基本財産または特定財産とならないものについて，流動資産の「有価証券」に分類される。そして，売買を前提として一時的に保有される当該有価証券は，キャピタル・ゲインを第一の目的とするため，時価によって評価される。

　これら流動資産以外の「満期保有目的の債券」，「子会社株式及び関連会社株式」，「その他有価証券」は固定資産に分類される (本章，第3節にて説明)。

2.5 棚卸資産

　棚卸資産は，取得価額で評価する。ただし，時価が取得原価よりも下落した場合には，時価評価とすることができる (公益法人会計基準第2の3 (4)) [7]。

3. 固定資産の表示科目

　固定資産とは，長期間 (基本的に1年以上) にわたり組織に設置・保有される財産であり，組織活動に供されて将来のキャッシュ・フロー獲得に貢献する (この機能を「用役潜在力」という)。公益法人会計において，貸借対照表／固定資産の科目は，「基本財産」，「特定資産」および「その他固定資産」に3区分される (公益法人会計基準注解3)。

　以下では，まず総論として基本財産および特定資産の特質について述べ，次いで主要な各論である減価償却，減損会計，有価証券の評価，およびリース会計について説明する。

３.１ 基本財産・特定資産・その他固定資産の特質

1 基本財産

「基本財産」とは，組織活動の維持・継続の基盤となるものであり，「設立時の寄付行為や定款で基本財産と定めた土地・建物」，および「設立後に理事会で組み入れることを決めた財産」である。公益法人において寄付金は重要な財源であり，かつ出資者の行為意図が尊重されるべきであることに鑑みて，基盤的資産である基本財産が表示科目に設定されている。

基本財産の要件として，①元本が回収できること，②固定資産として常識的な運用益が得られる（もしくは使用価値を有する）こと，③投機的な性格を有するものでないこと，が挙げられる[8]。そして基本財産の取消しには，理事会，主務官庁などの承認が必要となる。

2 特定資産

「特定資産」とは，特定目的のために積み立てる預金や有価証券などの資産である。例として，①退職者に対する給付金を積み立てるための「退職給付引当資産」，②新たに建物を建てるために積み立てる「減価償却引当資産」などがある。

公益法人などの非営利組織は，努力によって資金を獲得できる企業と異なり，寄付金や補助金で活動資金が賄われるため，これらの資金を厳正に維持・確保する必要がある。こうした観点・事情から，特定資産が表示科目に設定される。

3 その他固定資産

公益法人会計／貸借対照表／資産の部／固定資産において，基本財産および特定資産に該当しない固定資産については，「その他固定資産」として表示される。これらは，次に挙げる科目により構成される。

20

> 建物／構築物／車両運搬具／什器備品／土地／建設仮勘定／借地権／電話加入権／
> 敷金／保証金／投資有価証券（基本財産・特定資産以外）／子会社株式／関連会社
> 株式

3.2　減価償却の会計処理

　公益法人会計基準第2の3（5）において，「有形固定資産及び無形固定資産については，その取得価額から減価償却累計額を控除した価額をもって貸借対照表価額とする。」と規定されている。取得価額とは，購入代金にその購入に要した費用（運搬料，据付料，手数料など）を加えた金額である。そして，企業会計と同様に，当該金額から減価償却累計額を控除した金額が，貸借対照表に計上される。

　減価償却は，用役潜在力を持つ固定資産が収益獲得に応じて減耗する価値（貨幣価額）を，取得原価から差し引くものである。測定価額は，設定した耐用年度にわたって毎年均等に減耗価値を配分したものである。

　また公益法人会計では，固定資産が基本財産の場合，減価償却により価値が減少すれば活動の基盤が不安定となることから，当該価額の引当資産（預金等の積立）を設定して取替のための資産を確保することが推奨されている。

　計算例は，次のとおりである。

【計算例①】基本財産である建物（一般正味財産）の減価償却価額を計上する。

　（借）建物減価償却費　100,000　　　　　（貸）建　　　　　物　100,000
　（正味財産増減計算書／一般／経常）　　　　（貸借対照表／基本）

【計算例②】上記の減価償却価額に対し，普通預金から，減価償却引当資産として特定資産に組み入れた。

　（借）減価償却引当資産　100,000　　　　（貸）普　通　預　金　100,000
　　　（貸借対照表／特定資産）　　　　　　　（貸借対照表／流動資産）

第3章　貸借対照表「資産の部」　21

3.3　減損会計の計算処理

　公益法人会計基準第2の3（6）において，「資産の時価が著しく下落したときは，回復の見込みがあると認められる場合を除き，時価をもって貸借対照表価額としなければならない。」と規定されている。すなわちここでは，強制評価減が要求される。

　また，新会計基準の運用指針（第12）では「資産の時価が著しく下落したときとは，時価が帳簿価額から概ね50％を超えて下落している場合」としている。この場合の時価は観察可能な「市場価格」を指し，市場価格が観察できない場合には，合理的に算定された価額（例えば，不動産鑑定評価額等）を用いることになる。

　ただし，同規定で「有形固定資産及び無形固定資産について使用価値が時価を超える場合，取得価額から減価償却累計額を控除した価額を超えない限りにおいて使用価値をもって貸借対照表価額とすることができる。」とされている。すなわち，簿価（取得価額から減価償却累計額を控除した価額）を超えない限り，使用価値で評価することが例外として認められる。

　計算例は，次のとおりである。

【計算例】所有している土地の簿価は 25,000,000 円だが，時価は 10,000,000 円であり，回復する見込みがないと判断される。

$$25,000,000 - 10,000,000 = 15,000,000$$

（借）減損損失	15,000,000	（貸）土　　地	15,000,000
（正味財産増減計算書／経常外）		（貸借対照表／基本財産）	

3.4　有価証券の評価

　公益法人会計基準では，投資有価証券である「満期保有目的の債券」，「子会社株式及び関連会社株式」，および「その他有価証券」を固定資産に分類する。

22

> 図表３−２　公益法人会計における有価証券の分類と定義・特質

分　　類	有価証券の定義・特質
売 買 目 的 有 価 証 券	・短期間の価格変動により利益を得ることを目的として保有する有価証券
満 期 保 有 目 的 の 債 券	・満期まで所有する意図をもって保有する社債その他の債券
子会社及び関連会社株式	・子会社・関連会社に該当する会社の株式
そ の 他 有 価 証 券	・上記以外の有価証券

「売買目的有価証券」（2.4ですでに説明，おもに流動資産に属する）を含めた分類と各々の定義・特質は図表３−２のとおりである。

　以下では，「満期保有目的の債券」および「その他有価証券」の評価基準・計算方法について説明する。

1 満期保有目的の債券

　満期まで所有する意思をもって保有する社債その他の債券を「満期保有目的の債券」といい，社債，国債，地方債などが含まれる。満期まで保有できるという法人としての資金的裏付けが前提となり，原則として取得価額をもって貸借対照表価額とする（公益法人会計基準第２の３(3)）。ただし，取得した債券の金額と取得価額に差がある場合には「償却原価法」に基づく計算が適用され，さらに，時価が著しく下落したときには「減損処理」によって評価される。

　①　償却原価法

　公益法人会計基準では，取得した債券の金額と取得価額に差がある場合に，償却原価法に基づいて算定された価額をもって貸借対照表に計上される（公益法人会計基準注解7）。償却原価法の計算例は次のとおりである。

第3章　貸借対照表「資産の部」　23

【計算例】基本財産である投資有価証券（債権金額100,000円，取得価額95,000円，期間5年）について，期末に償却原価法を適用して運用益を計上する。

$$(100,000 - 95,000) \div 5 = 1,000$$

（借）投 資 有 価 証 券　1,000　　　　（貸）投資有価証券運用益　1,000
　　　（貸借対照表／基本財産）　　　　　　　（正味財産増減計算書／指定）

---

② 減損処理

「満期保有目的の債券」の時価が著しく下落したときには強制評価減が適用され[9]，減損処理が行われる（公益法人会計基準第2の3（6），および実務指針Q8）。

企業会計においては，国際会計基準（International Accounting Standards）に依拠した，資産の公正価値評価が前提となる。公益法人会計もこれにならい，価額に回復の見込みがないときに強制評価減によって損失が計上される。

例えば，一般正味財産を財源とする場合で，回復の見込がなければ，正味財産増減計算書／一般正味財産増減の部／経常外費用に評価減額を計上する[10]。計算例は次のとおりである。

【計算例】保有する投資有価証券について，時価が著しく下落して回復の見込みがないため，決算時において，帳簿価額（簿価）500,000円を評価額200,000円に評価減した。

$$500,000 - 200,000 = 300,000$$

（借）投資有価証券評価損　300,000　　　（貸）投 資 有 価 証 券　300,000
　　（正味財産増減計算書／一般／経常外）　　　　（貸借対照表／特定資産）

2 その他有価証券

　その他有価証券は，株式や社債投資信託など満期保有目的の債券以外のものであり，時価（市場価格）のあるものについては時価評価を行う（公益法人会計基準第2の3（3）および同注解8)[11])。

　例えば，一般正味財産を財源とする場合で，著しい下落があれば，正味財産増減計算書／一般正味財産増減の部／経常外費用に評価減額を計上し，著しい下落がなければ，一般正味財産増減の部／経常費用に評価差額を計上する。すなわち，著しい下落は通常に起こりうる事象ではないため経常外費用と考え，それ以外は経常費用とする。計算例は次のとおりである。

【計算例】 特定資産として保有する有価証券について，時価が著しく下落して回復の見込みがないため，決算時において，帳簿価額（簿価）500,000円を評価額200,000円に評価減した。

$$500,000 - 200,000 = 300,000$$

（借）投資有価証券評価損　300,000　　　　（貸）投資有価証券　300,000
　　（正味財産増減計算書／一般／経常外）　　　　（貸借対照表／特定資産）

3.5　リース会計の計算処理

　公益法人会計におけるリース取引には，ファイナンス・リース取引とオペレーティング・リース取引とがある。

　ファイナンス・リース取引とは，①解約ができないリース取引（またはこれに準じるもの）で，②借手がほとんどすべての経済的利益を享受することとコストを負担すること，の2要件を満たす取引をいう。原則として，通常の売買取引に係る方法に準じて会計処理を行う。

　オペレーティング・リース取引とは，ファイナンス・リース取引以外のリース取引であり，レンタルや賃貸借などがこれに該当する。原則として，賃貸借

第3章　貸借対照表「資産の部」　25

処理に係る方法に準じて会計処理を行う。

　ファイナンス・リース取引の処理例は次のとおりである。

【計算例①】ファイナンス・リース取引に基づく契約を行った。

　（借）リース資産　1,000,000　　　（貸）リース債務　1,000,000
　　　（貸借対照表／固定資産）　　　　　（貸借対照表／負債の部）

【計算例②】リース料を支払った。

　（借）リース債務　　100,000　　　（貸）現　預　金　120,000
　　（貸借対照表／有形固定資産）　　　（貸借対照表／流動資産）
　　　　支 払 利 息　　 20,000
　　（正味財産増減計算書／一般／経常）

　オペレーティング・リース取引の処理例は次のとおりである。

【計算例①】オペレーティング・リース取引に基づく契約を行った。

　　　　仕訳なし

【計算例②】リース料を支払った。

　（借）支払リース料　120,000　　　　（貸）現　　預　　金　120,000
　　（正味財産増減計算書／一般／経常）　　　（貸借対照表／流動資産）

　以上のような公益法人会計のリース会計処理につき，社会福祉法人会計基準
も同様の方法をとる（社会福祉法人会計基準・注解9）。これに対しNPO法人会計
基準では，原則として賃貸借取引（オペレーティング・リース）で処理し，事実上
物件の売買と同様の状態にあると認められる場合に売買取引（ファイナンス・
リース）に準じて処理するよう規定されている（NPO法人会計基準・注解2の15）。

4.「資産の部」時価情報の機能

　公益法人会計基準第2の3「資産の貸借対照表価額」の（1）において，「資産の貸借対照表価額は，原則として，当該資産の取得原価を基礎として計上しなければならない。交換，受贈等によって取得した資産の取得価額は，その取得時における公正な評価額とする。」と規定されている。

　すなわち，「満期保有目的の債券」以外の有価証券で市場価格のあるものは時価で評価され，「棚卸資産」は時価が取得原価よりも下落したときは時価評価ができる。また「固定資産」の時価が著しく下落した場合で回復の見込がないと判断されれば，時価評価が可能となる（詳しくは本章・第3節参照）。

　このような，取得原価に基づく評価を前提としつつ一部に時価評価を認める規定は，企業会計における資産評価基準に則したものと考えられる。企業会計の国際会計基準（International Accounting Standards）においては，「資産・負債アプローチ」を前提とする会計の認識・測定・表示が提唱され[12]，公正価値に基づく利益計算の概念化および制度化が進展している。

　とくに，近年における金融商品取引の拡大によって，時価による資産評価が投資者の意思決定に有用な情報提供をもたらすと考えるのが，企業会計の制度的趨勢である。こうした方向性にならって非営利組織会計でも，主務官庁や寄付者など委託者の意思決定に対し時価評価の適用が妥当と判断されている。

【注】

1) 貸借対照表／資産の部の表示科目は，流動資産，固定資産ともに，基本的にすべて換金性を持つ。

2) ただし，流動資産に対する固定資産の割合が大きい場合には，主体の支払能力に留意する必要がある。

3) 新日本有限責任監査法人『新公益法人会計と税務』中央経済社，134頁。

4) 流動・固定に分類するための基準として「営業循環基準」と「1年基準」がある。前者基準により，「材料 → 仕掛品 → 製品 → 売上債権」という営業循環の過程にある資産，および資産調達によって生じた仕入債務を流動資産・流動負債とする。また後者基準により，1年以内に流出する見込の資産・負債を流動資産・流動負債とする。

5) 同様に特徴的な科目として，宗教法人会計／貸借対照表に「特別財産」がある。このなかには，本尊・神像など信仰上かけがえのない財産である「宝物」，宗教活動に用いられる道具である「什物」がある。また，「基本財産」の「土地・建物」は境内内のものに限定され，それ以外の「土地・建物」は「普通財産」に分類される。

6) 「保守主義」とは，収益を少なめに，費用を多めに計上することで，利益の過大表示を避止すべきとする会計上の概念である。

7) 棚卸資産の特殊な会計処理として，病院会計における医療消耗器具備品，消耗器具備品などは，引き続き使用（一定期間使用）の場合でも，最初の使用に供した時点で，会計上費用となり，決算時に残存していても棚卸資産にはならない（五十嵐邦彦・太田英子『病院会計入門』経営書院，2006年，77頁）。

8) 新日本有限責任監査法人，前掲書，134頁。

9) 時価の下落率については，有形固定資産と同様，概ね50％以上が目安となっている（運用指針第12）。

10) 指定正味財産を強制評価減する場合は，正味財産増減計算書／一般正味財産増減の部に評価損を計上し，さらに，指定正味財産増減の部から一般正味財産増減の部／経常外収益へ振り替える。

11) また時価（市場価格）のない有価証券について，社債等については金銭債権に準じた評価を行い，それ以外は取得原価で評価する。

12) 期首純資産価額と期末純資産価額の差額を当期利益（公正価値の増加価額）とする会計概念をいう。

第4章
貸借対照表「負債の部」

　本章では，まず，公益法人会計／貸借対照表の区分である負債の部について，表示科目とその内容を概観する（第1節）。そして「負債の部」構成要素のうち，会計特有の理論を内包する引当金（貸倒引当金・賞与引当金・退職給付引当金・役員退職慰労引当金）について，公益法人会計における価額の計算処理方法を説明する（第2節）。また，公益法人会計で「正味財産」に含められる「使途が制約された寄付金等」につき，これを「負債」とする所説について説明する（第3節）。

1．公益法人会計／貸借対照表における 「負債の部」表示科目

　公益法人会計／貸借対照表／負債の部は，資産の部と同様に，営業循環基準もしくは1年基準に基づいて，「流動負債」と「固定負債」に分類される。表示科目は図表4－1のとおりである。

図表4－1　「負債の部」表示科目

　┌ 流動負債 ── 支払手形，短期借入金，未払金・未払費用，預り金，前受金など

　└ 固定負債 ── 長期借入金，退職給付引当金など

1. 1　流動負債

　貸借対照表／負債の部／流動負債は，短期間（通常1年以内）のなかで組織が負う債務で，支払手形，短期借入金，未払金・未払費用（本来発生している支払義務），源泉所得税の預り金（従業員から預かった所得税の源泉徴収分），前受金（当期の収益とならないが先に受け取った現金）などが含まれる。

1. 2　固定負債

　貸借対照表／負債の部／固定負債は，長期間（通常1年以上）において組織が負う債務（法的な弁済義務）で，長期借入金，退職給付引当金などが含まれる。

2. 引当金の計算処理

　貸借対照表／負債の部の表示科目において，「引当金」の処理は，発生主義会計に基づいた特有のものである。

　企業会計原則注解18では「引当金」の計上要件について，①将来の特定の費用または損失であること，②その発生が当期以前の事象に起因していること，③発生の可能性が高いこと，④その金額を合理的に見積もることができることと規定されている。そして，公益法人会計においても当該規定が援用されるものと斟酌できる。

　そこで以下において，「貸倒引当金」・「賞与引当金」・「退職給付引当金」・「役員退職慰労引当金」の各々について，計算処理の方法を説明する。

2. 1　貸倒引当金

　毎期の活動においては，保有する金銭債権（受取手形，貸付金など）が回収できない事態が常に起こりうる。そこで当該金額を合理的に見積もることができる場合に，これを「発生主義」[1] に基づく費用として繰り入れ（科目は「貸倒引当金繰入」），かつ同額を「貸倒引当金」とすることで，「資産の部」に計上される金銭債権の控除項目とする。

第4章　貸借対照表「負債の部」　31

　公益法人会計基準第2の3（2）では，「受取手形，未収金，貸付金等の債権については，取得価額から貸倒引当金等を控除した額をもって貸借対照表の価額とする」とされている。具体的には図表4－2で示したように，債権を3つに区分し，貸倒見積額が算定される。

図表4－2　債権区分ごとの貸倒見積額

区　　分	内　　　容	貸倒見積額
一　般　債　権	貸倒懸念債権，破産更生債権等以外の債権	・債権金額×貸倒実績率
貸倒懸念債権	債務の弁済に重大な問題が生じているか，または生じる可能性の高い債務者に対する債権	・{債権金額－（担保処分見込額＋保証による回収見込額）}×貸倒見積率
破産更生債権等	経営破綻または実質的経営破綻に陥っている債務者に対する債権	・債権金額－（担保処分見込額＋保証による回収見込額）

　負債／貸倒引当金の計算例は次のとおりである。

【計算例】一般債権 1,000,000 円，貸倒懸念債権 300,000 円がある。貸倒実績率は 5 %，貸倒見積率は 50 % であり，貸倒懸念債権の担保処分見込額は 50,000 円であった。

【一般債権価額の見積】
　　・1,000,000 × 5 % ＝ 50,000
　（借）貸倒引当金繰入額　50,000　　　　（貸）貸倒引当金　50,000
　（正味財産増減計算書／一般／経常）　　　　（貸借対照表／負債）

【貸倒懸念債権価額の見積】
　　・（300,000 － 50,000）× 50 % ＝ 125,000
　（借）貸倒引当金繰入額　125,000　　　　（貸）貸倒引当金　125,000
　（正味財産増減計算書／一般／経常）　　　　（貸借対照表／負債）

3区分のうち，一般債権に対する引当金価額は，債権価額に貸倒実績率（5％）を乗じて求められる。また，貸倒懸念債権に対する引当金価額は，貸倒懸念債権から担保処分見込額（50,000円）を減じ，これに貸倒見積率（50％）を乗じて求められる。

2.2　賞与引当金

賞与引当金は，法人と職員との雇用関係に基づき支払う賞与について，支給対象期間が当期に帰属する支給見込額について設けられる引当金をいう。

負債／賞与引当金の計算例は次のとおりである。

【計算例①】決算において，賞与引当金 10,000,000 円を設定する。

（借）賞与引当金繰入　10,000,000　　　　（貸）賞 与 引 当 金　10,000,000
（正味財産増減計算書／一般／経常）　　　　　　　（貸借対照表／負債）

【計算例②】賞与支給時（15,000,000 円）において，前期末に設定した賞与引当金（10,000,000 円）を取り崩した。

（借）給 与 手 当　5,000,000　　　　（貸）現 金 預 金　15,000,000
（正味財産増減計算書／一般／経常）　　　　　　　（貸借対照表／資産）

　　　賞 与 引 当 金　10,000,000
　　　　（貸借対照表／負債）

2.3　退職給付引当金

退職給付の会計処理においては，将来の特定時に法人が支払う退職給付金（予定額）のうち，当期に発生したとみなされる負担額について，費用として引当金に繰り入れる（費用とみなして計上する）。すなわち，給付予定額を期間配分して当期の価額を費用化する。そして同時に，当該価額を貸借対照表／負債の部に計上する[2]。

また法人には，年金制度に基づく「年金資産」があるが，これは企業年金制

第4章　貸借対照表「負債の部」　33

図表4－3　退職給付会計の貸借対照表（概略）

期首年金資産	期首退職給付債務
＋ 資産運用収益	＋ 勤務費用
＋ 年金掛金拠出	＋ 利息費用
△ 年金支給	△ 一時金支給
	△ 年金支給
期末年金資産	
	期末退職給付債務

退職給付引当金 {

勤務費用：当期に発生した支給額。
利息費用：前期末退職給付債務残高につき，時間経過による期末までの利子発生額。

度に基づいて積み立てられ，退職給付に充当される資産である[3]。退職給付引当金の価額は，退職給付債務から「年金資産」評価額を控除して算出される（図表4－3参照）。

　ただし，以上のような会計処理は過大な事務負担の懸念があることから，小規模な公益法人（従業員が300人未満）に限って「簡便法」の適用が認められている。これは，退職金の期末要支給額の100％を「退職給付引当金」残高とみなすものである。

　退職給付引当金の計算例は次のとおりである。

【計算例①】 退職者に対して退職金 1,000,000 円を支払った。

　（借）退職給付引当金　1,000,000　　　　（貸）現　　預　　金　1,000,000
　　　　（貸借対照表／負債）　　　　　　　　　　　（貸借対照表／資産）

【計算例②】 期末決算時，退職金の期末要支給額 100％を引き当てた。

　（借）退 職 給 付 費 用　1,000,000　　　　（貸）退職給付引当金　1,000,000
　　　　（正味財産増減計算書／一般／経常）　　　　（貸借対照表／負債）

2.4 役員退職慰労引当金

役員退職慰労引当金は，退職給付引当金と同様に，役員の退職に際し，任期中の職務執行に対する慰労の価額として法人が支出する一時金である。当該支給額が内規等により適切に見積もることができる場合に，費用として引当金に繰り入れ，同時に，引当金の残高を貸借対照表／負債の部に計上する。

負債／役員退職慰労引当金の計算例は次のとおりである。

【計算例①】期末決算時，役員退職慰労引当金 100,000 円を引き当てた。

(借) 役員退職慰労引当金繰入　100,000　　　(貸) 役員退職慰労引当金　100,000
　　　(正味財産増減計算書／一般／経常)　　　　　　　　(貸借対照表／負債)

【計算例②】役員退職慰労金支給時（250,000 円）において，前期末に設定した役員退職慰労引当金 100,000 円を取り崩した。

(借) 役 員 退 職 慰 労 引 当 金　100,000　　　(貸) 現　　金　　預　　金　250,000
　　　　　(貸借対照表／負債)　　　　　　　　　　　　(貸借対照表／資産)
　　　役 員 退 職 慰 労 金　150,000
　　(正味財産増減計算書／一般／経常)

---

3. 「使途が制約される寄付金等」を「負債」とする考え方

公益法人会計では，寄付者等によりその使途に制約が課されている資産の受入額は，正味財産の部／指定正味財産に計上・表示される。他方で，寄付金は寄付者による使途の特定が一部に想定されるため，これを受け取った法人は，特定の事業に充当せねばならないという一種の債務を負うと考えることもできる。

こうした観点に基づき「独立行政法人会計基準」では，使途が特定され支出に制約がある寄付金に関しては，同価額の負債が存在するものとしている。基

第4章　貸借対照表「負債の部」　35

準第16では、「運営費交付金により、又は国若しくは地方公共団体からの補助金等により補助金等の交付の目的に従い、若しくは寄附金により寄附者の意図に従い若しくは独立行政法人があらかじめ特定した使途に従い償却資産を取得した場合に計上される負債（一部略）」を「資産見返負債」と呼び、寄付金を固定負債に含める。

　またNPO法人会計基準では、補助金・寄付金の負債計上は、①会計上一般に認められている負債の定義を拡張しなければならないこと、②永久拘束の場合に永久的に負債に計上しなければならないこと、③受取時に活動計算書に表現されないことを問題点に挙げている[4]。そして、補助金・寄付金等を受け取った年度に収益計上し、使途に制約のある場合、その使途ごとに寄付金等の受入額、減少額、次期繰越額を注記することを原則としている[5]。

【注】

1) 現金の出入りに関係なく、費用が発生した時点で認識・測定するという、会計上の概念を「発生主義」という。
2) 本来は当期に支払われるべき価額であるが、実際の支払いは退職時であるため、当該価額は将来に対する債務と考えることができる。そこで、貸借対照表／負債の部／固定負債に「退職給付引当金」として表示される。
3) 期末における公正価値で評価される。
4) NPO法人会計基準「議論の経緯と結論の背景」、第42段。
5) 同、第43段。

第5章
貸借対照表「正味財産の部」

　本章では，まず公益法人会計基準における貸借対照表／正味財産の部の表示科目につき概観する（第1節）。また，補助金および寄付金が「指定正味財産」（第2章で概要を説明）となる場合の論拠について説明する（第2節）。その上で，取引を「正味財産の部」に誘導・表示するための計算構造と計算処理について説明する（第3節）。

1．公益法人会計／貸借対照表における 「正味財産の部」表示科目

　以下では，「正味財産の部」の表示科目を概観したうえで，「正味財産の部」を2区分する論拠と，基本財産・特定資産への充当額を内訳表示する意義について説明する。

1．1 「正味財産の部」の表示科目
　非営利組織会計における「正味財産」は，貸借対照表の総資産価額から総負債価額を差し引いた価額であり，企業会計の「純資産」と同義である。資産形成の財源要素のなかで，他人資本として弁済義務を負う対象の価額が負債であり，それ以外が正味財産に該当する。

　公益法人会計／貸借対照表／正味財産の部では，「指定正味財産」と「一般正味財産」に二区分される。さらに各区分では，資産の部の「基本財産」と「特定資産」への充当額が内訳表示される。

| 図表5－1　公益法人会計／貸借対照表／正味財産の部の表示科目 |

```
  1. 指定正味財産
      国庫補助金
      地方公共団体補助金
      民間補助金
      寄付金
     （うち基本財産への充当額）
     （うち特定資産への充当額）
  2. 一般正味財産
     （うち基本財産への充当額）
     （うち特定資産への充当額）
  正味財産合計
```

（注）一般社団・財団法で規定された基金が含まれる場合がある。

　公益法人会計／貸借対照表／正味財産の部科目は，図表5－1に示すとおりである。

　このように，正味財産の部は「指定正味財産」と「一般正味財産」に二区分される。指定正味財産は，寄付者の意向などによりあらかじめ使途が確定した，資産の受入れを示す価額であり，これ以外の財源の価額が一般正味財産である。

　また，それぞれの区分において，「基本財産への充当額」と「特定資産への充当額」が表示される。

1.2　「正味財産の部」を二区分する論拠

　公益法人会計／貸借対照表／正味財産の部の二区分のなかで，「指定正味財産」は寄付者の意図によって使途が制限される財源価額であり，財務的に組織維持が可能となるかの把握が可能となる。また，「一般正味財産」は制約がかからない財源価額であり，当該情報は，法人の支払能力を判断するのに有用である。

第5章　貸借対照表「正味財産の部」　39

　アメリカ財務会計基準書第116号『受入寄付金と支払寄付金の会計』においては，寄付者が課す制約から生じる，法人の活動に関する制限の性質および範囲に関する情報は，寄付者や法人運営者が資源配分に関する意思決定を行うのに目的適合的とする。また，債権者等への支払に資源配分する法人の能力および当該能力に対する制限を評価するのにも有用としている[1]。こうして，寄付金の拘束の状況が査定できるようにするため，貸借対照表／正味財産の部において二区分表示が行われる。

　これに対し，NPO法人会計基準では，情報利用者にとって正味財産の区分が難解であること，初期に「指定正味財産」でありながら解除されて「一般正味財産」となることは二重計上の誤解を招く可能性が生じることから，とくに区分表示は要求されていない[2]。

1.3　「基本財産」・「特定資産」への充当額表示の意義

　公益法人会計／貸借対照表／正味財産の部における別の特徴として，資産の部／基本財産，および資産の部／特定資産への正味資産充当額が，指定正味財産および一般正味財産の内訳として表示される。分類と摘要例は図表5－2のとおりである。

　このように，使途制約がある寄付金・補助金として受け入れた指定正味財産について，「基本財産」および「特定資産」への充当価額が明らかにされる。また，使途制約を受けない一般正味財産についても同様に，「基本財産」および「特定資産」への充当額が明らかにされる。

図表 5 − 2 「基本財産」および「特定資産」へ充当する正味財産の分類と摘要例

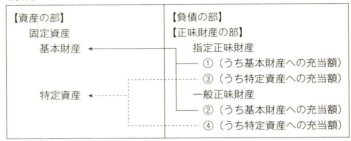

(摘要例)

	分 類	摘要例
①	「基本財産」へ充当する「指定正味財産」	寄付者から基本財産として寄付を受けた国債
②	「基本財産」へ充当する「一般正味財産」	理事会の決議で基本財産に組み入れられた預金
③	「特定資産」へ充当する「指定正味財産」	寄付者から奨学資金として受け入れた寄付金
④	「特定資産」へ充当する「一般正味財産」	理事会の決議で奨学資金として積み立てられた預金

2.「寄付金」および「補助金」の表示規定

　公益法人会計基準において,「指定正味財産」となる「寄付金」および「補助金」についての規定がある。以下では,弁済義務が生じない受入資金である寄付金および補助金が「指定正味財産」となる場合に,その論拠について説明する。

2.1　寄付金の表示規定
　すでに説明したとおり「指定正味財産」は,寄付者の意向によりあらかじめ

使途が確定した，資産の受入れを示す価額であり，これ以外の財源を示す価額が「一般正味財産」である。例えば，設立時に寄付者が基本財産とする意向で土地を寄付した場合，当該価額は貸借対照表／正味財産の部／指定正味財産に加算・表示される。これに対し，寄付者が使途を指定せずに寄付金を支払う場合には，貸借対照表／正味財産の部／一般正味財産に加算・表示される。

こうした計算処理は，公益法人会計基準注解5で規定される。すなわち，正味財産の区分について「寄付によって受入れた資産で，寄付者等の意思により当該資産の使途について制約が課されている場合には，当該受け入れた資産の額を，貸借対照表上，指定正味財産の区分に記載するものとする。また，当期中に当該寄付によって受け入れた資産の額は，正味財産増減計算書における指定正味財産増減の部に記載するものとする。」とされている[3]。

文中で表記された使途についての「制約」に関し「公益法人会計基準に関する実務指針（その2）・Ⅰ・3」では，寄付者等の意思により資産の使途，処分，保有形態について制約が課されている場合について次のように規定している。

（1）使途の制約とは，寄付を受けた資産をどのように使用するかについて制約が課されている場合であるが，例えば，記念事業や会館の改修に使用を限定する等，特定の支出に寄付の使途が制約されている場合をいう。

（2）処分の制約とは，言い換えれば維持に関する制約であり，寄付者等に永久的な維持，あるいは一定時点までの維持の意思があり，その意思を承知して寄付の受入れを行ったような場合の制約をいう。具体的には永久の維持，10年，5年などの一定期間の維持や特定の事業の目的が達成されるまでなどの特定時点までの維持がある。

（3）保有形態の制約とは，寄付者等が寄付する資産をどのように保有するかについて指定する場合であるが，具体的には，寄贈を受けた土地・建物をそのままの状態で使用することや株式を譲渡せずそのまま保有することを求められる場合等がある。

具体的な計算構造については，次節（3.「正味財産の部」の計算構造）で説明する。

42

２．２　補助金の表示規定

　寄付金以外に，弁済義務を有さず受け入れられる資産額として，国または地方公共団体等からの「補助金等」がある。公益法人会計基準注解11では，「法人が国又は地方公共団体等から補助金等を受け入れた場合，原則として，その受入額を受取補助金等として指定正味財産増減の部に記載し，補助金の目的たる支出が行われるのに応じて当該金額を指定正味財産から一般正味財産に振り替えるものとする。」と規定されている[4]。

　例えば，政府から国庫補助金により基本財産として建物を建設した場合，当該価額は貸借対照表／正味財産の部／指定正味財産に加算・表示される。

　一般に，政府等からの補助金は，使途が明確に指定・制約されることから，「指定正味財産」の要件を具備している。そこで，当該価額の表示により，①財務的に維持が可能であるかの査定，②法人の支払能力の査定に資する情報となり得る。すなわち，制約を付帯する価額が明示されることで，長期的な財務維持力を把握することができ，かつ制約がある資産の多寡によって法人の支払能力を判断することが可能となる。

３．「正味財産の部」の計算構造

　公益法人会計／貸借対照表／正味財産の部の「指定正味財産」と「一般正味財産」の残高は，別の財務諸表である「正味財産増減計算書」と連携して表示される。実体勘定である資産（残高を示す勘定）に対する名目勘定（資産増加の原因を示す勘定）の価額は，「正味財産増減計算書」に計上され，当該計算書で表示される特定価額が，貸借対照表／正味財産の部に転記される。こうした，貸借対照表／正味財産の部と正味財産増減計算書との連携構造（すなわち会計計算構造）について，「指定正味財産」と「一般正味財産」の各々につき説明する。

3.1 「指定正味財産」と「正味財産増減計算書」の連携

「指定正味財産」として受け入れた資産の会計処理では、実体勘定を貸借対照表／資産の部に計上するとともに、名目勘定を正味財産増減計算書／指定正味財産増減の部に計上する。例えば、寄付により基本財産として債券10,000円を受け入れた場合、仕訳および連携構造は図表5－3のようになる。

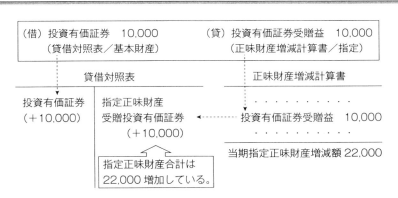

図表5－3 指定正味財産と正味財産増減計算書の連携構造

一般に複式簿記では、一取引で2つの勘定が借方および貸方に設定され、最高で2つの計算書に当該取引価額を誘導・計上できる。しかしこの場合には、貸借対照表／指定正味財産において「投資有価証券受贈益」に係る勘定の価額を表示できない。なぜなら「投資有価証券受贈益」勘定は、すでに正味財産増減計算書に誘導・表示されているためである。

そして、二重の表示にはなるが、貸借対照表／指定正味財産で当該勘定を加算・表示することが公益法人会計基準で是認される。「公益法人会計基準の運用指針・13」の様式1－1（貸借対照表）では、正味財産の部／指定正味財産において、国庫補助金が設定されている。

3.2 「一般正味財産」と「正味財産増減計算書」の連携

　「一般正味財産」として受け入れた資産の会計処理は，指定正味財産と同様に，実体勘定を貸借対照表／資産の部に計上するとともに，名目勘定を正味財産増減計算書／一般正味財産増減の部に計上する。ただし，「一般正味財産」の内訳区分は貸借対照表で表示せず，期末残高および「うち基本財産への充当額」・「うち特定資産への充当額」を表示するのが一般的である。

　「指定正味財産」が拘束的財源を含意するのに対し，「一般正味財産」は稼得利益的な性質を持つ。このため，当該増減価額は「正味財産増減計算書」で表示され，増減の差額のみが貸借対照表／正味財産の部／一般正味財産に計上される。これは，企業会計／貸借対照表／純資産の部において，払込資本の残高の下段に，損益計算書のボトムラインである純利益が移記・計上されるのと同様である。

　例えば会員より年会費1,000円を受領した時，仕訳と連携は図表5－4のようになる。

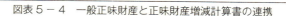

図表5－4　一般正味財産と正味財産増減計算書の連携

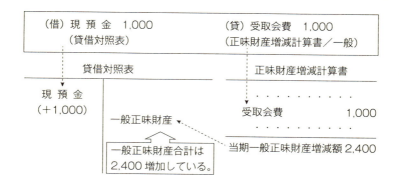

第5章 貸借対照表「正味財産の部」 45

　つまり，借方の現預金は実体勘定であり，価額1,000が貸借対照表に計上される。他方，貸方の受取会費は当該実体勘定増加の原因（理由）を示す名目勘定であり，価額1,000が正味財産増減計算書に計上される。そして受取会費の表示はここで完結し，貸借対照表に移記されない。すべての一般正味財産増減の結果価額を「当期一般正味財産増減額2,400」とすると，これが貸借対照表／正味財産の部／一般正味財産に移記・計上される。この場合には，企業会計と同様の複式簿記構造が維持される。

【注】

1）また，寄付者等の資源提供者は，正味財産の増加額のみならず，正味財産がどのように増加したか，なぜ増加したかに関心がある（FASB, Statement of Financial Accounting Standards No.116, *Accounting for Contributions Received and Contributions Made*, 1993, pars.147-148.）。
2）NPO法人会計基準「議論の経緯と結論の背景」，第41段。ただし，使途等が制約された寄付等で重要性が高い場合には，指定正味財産および一般正味財産に区分する（注解6）。
3）また「公益法人会計の運用指針・10」において，指定正味財産として計上される額は，例えば①寄付者等から財団法人の基本財産として保有することを指定された土地，②寄付者等から奨学金給付事業のための基金として，当該法人が元本を維持することを指定された金銭で，寄付者の意思により使途，処分，保有形態について制約が課せられているものの価額としている。
4）さらに同規定では，「当該事業年度末までに目的たる支出を行うことが予定されている補助金等を受け入れた場合には，その受入額を受取補助金等として一般正味財産増減の部に記載することができる。」とされている。すなわち，事業費等に充当する目的で毎年度経常的に受け取るもの，および「指定正味財産」から「一般正味財産」への振替額が，「一般正味財産」に含まれる「受取補助金等」である。なお，公益法人会計基準注解11における補助金とは，補助金，負担金，利子補給金およびその他相当の反対給付を受けない給付金等をいう（「公益法人会計基準の運用指針について（第11段）」）。

第6章
公益法人会計の
「正味財産増減計算書」

　本章では，非営利組織会計の主要なフロー計算書であり，企業会計の持分（すなわち他人資本でない資本）に相当する「正味財産」がいかなる原因で増減したかを表示する「正味財産増減計算書」について説明する。まず，公益法人会計／正味財産増減計算書の概要を示し（第1節），次いで計算書の表示科目を概観する（第2節）。そして，計算書に価額を表示するための計算構造と計算処理方法について説明する（第3節・第4節）。そのうえで，計算書に内包される機能について明らかにする（第5節）。

1. 公益法人会計／正味財産増減計算書の概要

　「正味財産増減計算書」では，実体である資産の受入れ，もしくは事業活動による資金獲得につき，その増減理由が表示される。すなわち，貸借対照表の期首価額を起点とし，期末価額に至った増減原因が，正味財産増減計算書に表示される（詳しくは，本章第3節）。

　公益法人会計／正味財産増減計算書は，「Ⅰ．一般正味財産増減の部」と「Ⅱ．指定正味財産増減の部」に区分される。そして「一般正味財産増減の部」はさらに，「1. 経常増減の部」と「2. 経常外増減の部」に分類される。図表6－1はその概略である。

48

図表6－1　公益法人会計／正味財産増減計算書の概略

科　　目	当年度	前年度	増　減
Ⅰ　一般正味財産増減の部 　　1　経常増減の部 　　（1）経常収益 　　（2）経常費用 　　2　経常外増減の部 　　（1）経常外収益 　　（2）経常外費用			
Ⅱ　指定正味財産増減の部 　　・・・・・・・			
Ⅲ　正味財産期末残高			

①　指定正味財産の増減原因

「指定正味財産」の増加原因は，使途につき制約がある受取補助金等，受取寄付金，基本財産評価益などの増額である。

「指定正味財産」の減少原因は，使途につき制約がある「指定正味財産」を充当した資産の評価損，制約解除による一般正味財産への振替による指定正味財産の減額などである。

②　一般正味財産の増減原因

「一般正味財産」の増加原因は，事業活動などによって収益が生じたこと（受取会費，入会金，事業収益など），資産の評価益や売却益が生じたこと（基本財産運用益，基本財産評価益，固定資産売却益，投資有価証券運用益，固定資産受贈益など），および制約のない寄付金や補助金の受入れである。

「一般正味財産」の減少原因は，事業費・管理費など経常費用の発生，固定資産売却損など経常外費用の発生によるものである。

２．公益法人会計／正味財産増減計算書の表示科目

公益法人会計／正味財産増減計算書の表示科目の概要は図表６－２のとおりである。

図表６－２　公益法人会計／正味財産増減計算書の表示科目（概要）

```
Ⅰ．一般正味財産増減の部
  １．経常増減の部
    （１）経常収益
        ①　基本財産運用益
        ②　受取会費・入会金
        ③　事業収益
        ④　受取補助金等
        ⑤　受取寄付金
    （２）経常費用
        ①　事業費
        ②　管理費
  ２．経常外増減の部
    （１）経常外収益
        ①　基本財産評価益
        ②　固定資産売却益
        ③　投資有価証券運用益
        ④　固定資産受贈益
    （２）経常外費用
        ①　基本財産評価損
        ②　固定資産売却損
        ③　投資有価証券運用損
        ④　災害損失
        ⑤　過年度減価償却費
    指定正味財産からの振替額
- - - - - - - - - - - - - - - - - - - - - - - - - - - - - -
Ⅱ．指定正味財産増減の部
        ①　受取補助金等
        ②　受取寄付金
        ③　基本財産評価益
        ④　基本財産評価損
        ⑤　一般正味財産への振替額
```

50

表示される科目のうち，受取補助金等，受取寄付金，基本財産評価益，基本財産評価損が重複している。このうち，指定正味財産増減に分類される価額は，使途に制約が課された受入分であり，それ以外が一般正味財産増減に分類される価額である。

3. 正味財産増減計算書の計算構造

「正味財産増減計算書」は，法人における正味財産の増減の原因（「実体」が増減した理由）を表示する。すなわち，一方で貸借対照表／資産の部において実体（結果）の勘定が計上され，他方でこれに対する名目（原因）の勘定として当該増減が正味財産増減計算書に計上される。

そして，正味財産増減計算書のボトムライン（すなわち最終額）につき，もしプラスであればその価額だけ期末時点の正味財産が増額しているため，これを貸借対照表／正味財産の部に振り替える。正味財産増減計算書と貸借対照表／正味財産の部の連携について，概念的には図表6－3のように表すことができる。

図表6－3　正味財産増減計算書と貸借対照表／正味財産の部の連携

貸借対照表（期首）	
指定正味財産合計	100
一般正味財産合計	80

正味財産増減計算書	
・・・・・・・・・・・	
当期一般正味財産増減額	10
一般正味財産期首残高	80
一般正味財産期末残高	90
・・・・・・・・・・・	

貸借対照表（期末）	
指定正味財産合計	120
一般正味財産合計	90

・・・・・・・・・・・	
当期指定正味財産増減額	20
指定正味財産期首残高	100
指定正味財産期末残高	120

第6章　公益法人会計の「正味財産増減計算書」　51

　図において，正味財産増減計算書の「指定正味財産増減の部」には，使途について制約が課された補助金や寄付金などの受入れ価額が表示され，「一般正味財産増減の部」には，資産運用益，入会金・会費受取り，事業収益など増加額と，事業費，管理費などの減少額が表示される。これらは，実体勘定である現預金などの資産が流入・流出した「原因」を示す勘定であり，当該価額が貸借対照表／資産の部でも同時に増額している。

　こうして，取引等により生じた名目勘定の当期増減額が「正味財産増減計算書」に計上され，これに期首残高を加えて得られた期末残高（指定正味財産期末残高および一般正味財産期末残高）が，貸借対照表に移記・表示される。

4. 正味財産増減計算書の計算処理

4.1　基本的な計算処理

　公益法人の取引において，「指定正味財産」の増加要因は，使途について制約が課された補助金，寄付金などの受入れなどであり，「一般正味財産」の増加要因は，資産運用益，受取入会金，受取会費，事業収益などの稼得である。そして，各々の実体として，現預金などの資産が流入する。そしてこれらの取引が，複式簿記により勘定に集計され，計算書を誘導する。

　例えば，会費の受取りは，「結果」として現預金が増加するが，その「原因」は会費の発生であるため，左側（借方）に実体勘定の現預金が設定され，右側（貸方）に名目勘定の受取会費が設定されて，次の複記が成立する。

【計算例】会費 10,000 円を現金で受け取る。

　（借）現 預 金　10,000　　　　　（貸）受取会費　10,000
　　　　（貸借対照表）　　　　　（正味財産増減計算書／一般／経常）

52

　そして期末決算において，指定正味財産増減の部／期末残高，および一般正味財産増減の部／期末残高が，貸借対照表／正味財産の部における「指定正味財産」および「一般正味財産」に移記される（図表6‐3参照）。

　ただし第5章で述べたとおり，指定正味財産については，正味財産増減計算書／指定正味財産増減の部で名目勘定の価額が表示され，かつ貸借対照表／正味財産の部／指定正味財産においてもこれが表示される。複式簿記では，計算構造上2つの勘定を設定できるが，正味財産増減計算書への転記を前提に特定勘定が貸方計上された以上，貸借対照表／指定正味財産には当該勘定を計上することができない。このため上記の場合には，二重表示により，貸借対照表／指定正味財産での科目表示を行うことになる。

4．2　「指定正味財産の部」から「一般正味財産の部」への振替

　公益法人会計／正味財産の部の計算では，「指定正味財産」から「一般正味財産」への振替という特有の会計処理が含まれる。公益法人会計基準注解13では，以下に挙げる金額につき，指定正味財産の部から一般正味財産の部に振り替えて，当期の振替額を正味財産増減計算書における指定正味財産増減の部および一般正味財産増減の部に記載する旨を規定している[1]。

（1）指定正味財産に区別される寄付によって受け入れた資産について，制約が解除された場合には，当該資産の帳簿価額。
（2）指定正味財産に区別される寄付によって受け入れた資産について，減価償却を行った場合には，当該減価償却費の額。
（3）指定正味財産に区別される寄付によって受け入れた資産が災害により消滅した場合には，当該資産の帳簿価額。

　振替の計算例は，次のとおりである。

> **【計算例①】** 政府から，10,000 の補助金を受け入れた。
>
> （借）現　預　金　10,000　　　　（貸）受取国庫補助金　10,000
> 　　　（貸借対照表）　　　　　　　　　　（正味財産増減計算書／指定）
>
> **【計算例②】** 補助金で事業支出を行った。
>
> （借）事　業　費　10,000　　　　（貸）現　預　金　10,000
> 　（正味財産増減計算書／一般）　　　　　　　（貸借対照表）
>
> **【計算例③】** 指定正味財産増減の部から一般正味財産増減の部へ振替を行った。
>
> （借）一般正味財産への振替額　10,000　　（貸）受取国庫補助金　10,000
> 　　　（正味財産増減計算書／指定）　　　　　（正味財産増減計算書／一般）

【減価償却を行った場合】

> **【計算例①】** 政府から，10,000 の補助金を受け入れた。
>
> （借）現　預　金　10,000　　　　（貸）受取国庫補助金　10,000
> 　　　（貸借対照表）　　　　　　　　　　（正味財産増減計算書／指定）
>
> **【計算例②】** 補助金で建物を購入した。
>
> （借）建　　　物　10,000　　　　（貸）現　預　金　10,000
> 　（貸借対照表／基本財産）　　　　　　　　（貸借対照表）
>
> **【計算例③】** 期末に減価償却費を計上した。
>
> （借）減価償却費　1,000　　　　（貸）建　　　物　1,000
> 　（正味財産増減計算書／一般）　　　　　（貸借対照表／基本財産）
>
> **【計算例④】** 指定正味財産増減の部から一般正味財産増減の部へ振替を行った。
>
> （借）一般正味財産への振替額　1,000　　（貸）受取国庫補助金　1,000
> 　　　（正味財産増減計算書／指定）　　　　（正味財産増減計算書／一般）

【制約が解除された場合】

> 【計算例】国庫補助金により取得していた建物（指定正味財産）が火災で消失，当該国庫補助金の残高は 5,000,000 円である。
>
> （借）一般正味財産への振替額　5,000,000　　　（貸）受取国庫補助金　5,000,000
> 　　　（正味財産増減計算書／指定）　　　　　　　　　　（正味財産増減計算書／一般）

　このうち「減価償却を行った場合」については，補助金により構築された建物が費用化されてしまうことへの配慮から，拘束された指定正味財産を収益に振り替えて，これに充当するものである。

5. 「正味財産増減計算書」情報の機能

　公益法人会計基準検討会「公益法人会計基準（案）について」（平成15年）では，正味財産増減計算書について，単に正味財産の増減額を表すのではなく，増減原因を表示することにより，法人の財務運営の効率性（業績）がチェックでき，かつ収益および費用を表示することで企業会計等の「損益計算書」との比較可能性が向上するとしている。

　このように「正味財産増減計算書」において，「指定正味財産増減の部」で当該年度の増加・減少額が示され，寄付金や補助金など使途に制約のある資産の受入額および評価損益が明示されることで，資源提供者が委託した価額を明らかにできる。すなわち，法人に課された当該年度の受託責任を査定することが「正味財産増減計算書」の持つ機能である。さらに，財務的維持力（長期的な組織維持能力）を査定することも機能の1つである。

　他方，「一般正味財産増減の部」では，法人の事業活動の効率性を明らかにすることを目的に科目が表示される。事業活動を実施するための経常的財源である経常収益には，受取入会金，受取会費，事業収益などがあり，事業活動およびこれに付随して生じる管理活動の費用には，事業費，管理費などがある。

また，臨時的項目および過年度修正項目である経常外増減には，固定資産売却損益，固定資産受贈益，災害損失，過年度減価償却費などが表示される[2]。これら収益および費用の増減価額表示により，事業の活動業績を査定することができる。

こうして，正味財産増減計算書の表示情報は，理事者，寄付者，会員等の利害関係者および主務官庁だけでなく，一般の国民に対して活動状況を説明するためにも供される[3]。

【注】

1）なお，一般正味財産増減の部において，指定正味財産からの振替額は，その性質にしたがって，経常収益または経常外収益として記載するものとする。

2）公益法人会計基準注解12では，「経常外増減に属する項目には，臨時的項目及び過年度修正項目がある。」と規定されている。なお，経常外増減に属する項目であっても，金額の僅少なものまたは毎期経常的に発生するものは，経常増減の区分に記載することができる。

3）松葉邦敏編『新公益法人会計基準』税務経理協会，2004年，69頁。

第7章
公益法人会計の
「キャッシュ・フロー計算書」

　本章では，非営利組織会計の主要な計算書であり，会計上の「資金」がいか
に増減し残高がいくらかを表示する「キャッシュ・フロー計算書」について，
公益法人会計の基準をもとに説明する。まず概要と意義を明らかにし（第1
節），次に具体的な表示科目を，直接法，間接法それぞれにつき概観する（第2
節）。その上で，キャッシュ・フローを測定・表示するための計算構造につい
て，直接法と間接法の相違に留意しつつ説明する（第3節）。最後に，計算書で
表示される情報が具備する機能について述べる（第4節）。

1．公益法人会計／キャッシュ・フロー計算書の概要

　公益法人会計では，平成16年改正基準において正味財産増減計算書を規定
し，「発生主義」概念を含意する正味財産の増減計算を実施するところとなっ
た。しかし，従来の「現金主義」に基づく収支の計算とは異なり，かりに当期
の正味財産が増加しても，キャッシュ・フローがマイナスとなる可能性が出て
くる。その場合，資金不足（資金ショート）の看過につながる恐れがある[1]。そ
こで，正味財産の増減計算書とは別に，法人の支払能力を示すキャッシュ・フ
ローの出入りの状況を把握するために「キャッシュ・フロー計算書」の作成が
要請される。

　周知のとおり，法人の活動には支払手段であるキャッシュ（資金）が必要不
可欠であり，金銭債務の不履行は組織の存続に関わるものとなる。そこで，保
有資金の過不足を把握するために，当該期末における支払可能残高を明らかに

することがキャッシュ・フロー計算書の主たる機能となる。

　公益法人会計基準注解1では，以下のとおりキャッシュ・フロー計算書の作成に関する規定が示されている（一部省略）。

1. 大規模公益法人は，貸借対照表，正味財産増減計算書および財産目録に加えて，財務諸表の1つとして，キャッシュ・フロー計算書を作成しなければならない。
2. キャッシュ・フロー計算書は，当該事業年度におけるキャッシュ・フローの状況について，事業活動によるキャッシュ・フロー，投資活動によるキャッシュ・フローおよび財務活動によるキャッシュ・フローに区分して記載するものとする。
3. キャッシュ・フロー計算書には，当該事業年度におけるすべての現金および現金同等物の収入および支出を記載しなければならない。
4. 事業活動によるキャッシュ・フローの区分においては，直接法または間接法のいずれかを用いてキャッシュ・フローの状況を記載しなければならない。
5. キャッシュ・フロー計算書には，資金の範囲および重要な非資金取引について注記するものとする。

2．公益法人会計／キャッシュ・フロー計算書の表示科目

　公益法人会計／キャッシュ・フロー計算書は，表示形式が「直接法」と「間接法」に類別される。以下，公益法人会計／キャッシュ・フロー計算書における「直接法」および「間接法」の表示科目を概観する。

2．1　「直接法」による表示

　「直接法」は，キャッシュのフロー（出入り）を伴う取引を科目分類し，その総額を表示する方法である。表示科目は図表7－1のとおりである。

第7章　公益法人会計の「キャッシュ・フロー計算書」　59

図表7－1　「直接法」で表示するキャッシュ・フロー計算書の概略

科　　　目	当年度	前年度	増　減
Ⅰ　事業活動によるキャッシュ・フロー			
1　事業活動収入			
①　基本財産運用収入			
②　入会金収入			
③　会費収入			
④　事業収入			
⑤　補助金等収入			
2　事業活動支出			
①　事業費支出			
②　管理費支出			
Ⅱ　投資活動によるキャッシュ・フロー			
1　投資活動収入			
①　固定資産売却収入			
2　投資活動支出			
①　固定資産取得支出			
Ⅲ　財務活動によるキャッシュ・フロー			
1　財務活動収入			
①　借入金収入			
2　財務活動支出			
①　借入金返済支出			
Ⅳ　現金及び現金同等物に係る換算差額			
Ⅴ　現金及び現金同等物の増減額			
Ⅵ　現金及び現金同等物の期首残高			
Ⅶ　現金及び現金同等物の期末残高			

2.2　「間接法」による表示

　「間接法」は、「一般正味財産増減額」を最上段表示項目とし、非資金である損益項目の修正を表示において行うことで、正味財産増減計算書／一般正味財産の増減額と実際のキャッシュ・フローの乖離事由を明らかにする方式である。表示項目は図表7－2のとおりである。

60

科　　　目	当年度	前年度	増　減
Ⅰ　事業活動によるキャッシュ・フロー 　1　当期一般正味財産増減額 　2　キャッシュ・フローへの調整額 　　①　減価償却費 　　②　基本財産の増減額 　　③　退職給付引当金の増減額 　　④　未収金の増減額 　　⑤　貯蔵品の増減額 　　⑥　未払金の増減額 　　⑦　指定正味財産からの振替額 　3　指定正味財産増加収入 　　①　補助金等収入			
Ⅱ　投資活動によるキャッシュ・フロー 　1　投資活動収入 　　①　固定資産売却収入 　2　投資活動支出 　　①　固定資産取得支出			
Ⅲ　財務活動によるキャッシュ・フロー 　1　財務活動収入 　　①　借入金収入 　2　財務活動支出 　　①　借入金返済支出			
Ⅳ　現金及び現金同等物に係る換算差額			
Ⅴ　現金及び現金同等物の増減額			
Ⅵ　現金及び現金同等物の期首残高			
Ⅶ　現金及び現金同等物の期末残高			

図表7－2　「間接法」で表示するキャッシュ・フロー計算書の概略

「キャッシュ・フローへの調整額」において，調整事由を列挙すると次のとおりである。

- ・「減価償却費」は，正味財産増減額の減少価額であるが，非現金支出であるためキャッシュ・インフローとなる。
- ・「退職給付引当金」増加は，正味財産増減額の減少価額であるが，非現金支出であるためキャッシュ・インフローとなる。
- ・「未収金」増加は，実際には非現金収入であるため，キャッシュ・アウトフローとなる。
- ・「貯蔵品」増加は，資産の増加であり正味財産増加になるが，資金増加にならないため，キャッシュ・アウトフローとなる。
- ・「未払金」増加は，正味財産増減額の減少価額であるが，非現金支出であるためキャッシュ・インフローとなる。

図表7－2で示されたように，正味財産増減計算書からリンクした「当期一般正味財産増減額」から，非現金収入を減算し，非現金支出を加算し，事業活動に係る資産の増加額を減算し，負債の増加額を加算し，さらに「指定正味財産増加収入」を加算して「事業活動によるキャッシュ・フロー」を算出する。

3. キャッシュ・フロー計算書の計算構造

ここでは，入会金収入，会費収入，事業費，管理費など事業活動の主要な取引ごとにキャッシュ・フローを表示する「直接法」の計算構造を説明する。

例えば，当期に建物を 10,000（千円）で建設，当該減価償却費 1,000（千円），銀行からの長期借入金 500（千円）とすれば，修正仕訳は次のとおりである。

（**修正仕訳①**）**建物を 10,000（千円）で建設する。**

（借）建物建設支出 10,000,000 　　（貸）建　　　　物 10,000,000
　　（キャッシュ・フロー計算書／投資）　　　　（貸借対照表／基本財産）

（**修正仕訳②**）**当該減価償却費は 1,000（千円）であった。**

（借）建　　　　物 1,000,000 　　（貸）減価償却費 1,000,000
　　（貸借対照表／基本財産）　　　　　（正味財産増減計算書／一般）

（**修正仕訳③**）**銀行からの長期借入金は 500（千円）であった。**

（借）長期借入金 　500,000 　　（貸）長期借入金収入 　500,000
　　（貸借対照表／負債）　　　　　　（キャッシュ・フロー計算書／財務）

　そして，これをもとにキャッシュ・フロー計算書の精算表が作成され，キャッシュ・フロー計算書の各表示項目が計算される。事例では，投資活動によるキャッシュ・フロー／建物建設支出 10,000（千円），財務活動によるキャッシュ・フロー／長期借入金収入 500（千円）となる。

（単位：千円）

科　目	当　期	増　減	修正仕訳		残　高
（貸借対照表）					
建　物	9,000	9,000	② 1,000	① 10,000	
長期借入金	500	500	③ 500		
（正味財産増減計算書）					
減価償却費	1,000	1,000		② 1,000	
（キャッシュ・フロー計算書）					
建物建設支出			① 10,000		10,000
長期借入金収入				③ 500	500

第7章　公益法人会計の「キャッシュ・フロー計算書」　63

　修正仕訳①において，設定時の建物の貸借対照表・資産価額は 10,000（千円）であり，複式仕訳の相手勘定（貸方）は実体勘定の「現金」であって，これはキャッシュ（資金）の範囲に含まれる。そこで，キャッシュ・フロー計算においては，当該「現金」勘定の名目勘定として「建物建設支出」勘定が設定される。すなわち，「建物」勘定を貸方，「建物建設支出」勘定を借方に設定する振替仕訳が行われ，借方価額がキャッシュ・フロー計算書に誘導される。

　同様に修正仕訳③において，「長期借入金」の場合，設定時の貸借対照表・負債価額は 500（千円）であり，複式仕訳の相手勘定（借方）は実体勘定の「現金」であって，これはキャッシュ（資金）の範囲に含まれる。そこで，キャッシュ・フロー計算においては，当該「現金」勘定の名目勘定として「長期借入金収入」勘定が設定される。すなわち，「長期借入金」勘定を借方，「長期借入金収入」勘定を貸方に設定する振替仕訳が行われ，貸方価額がキャッシュ・フロー計算書に誘導される。

　また修正仕訳②では，「建物」の期末価額が 9,000（千円）であるのに対し，キャッシュ・アウトフローは 10,000（千円）であり，当該乖離の原因となる減価償却費 1,000（千円）の修正が行われている。つまり，現実に出ていったキャッシュは 10,000（千円）であるため，当該代価である建物が 10,000（千円）であるようにするため，修正仕訳が設定される。

４．「キャッシュ・フロー計算書」情報の機能

　第1節でも述べたとおり，法人の活動には支払手段であるキャッシュ（資金）が不可欠であり，金銭債務（買掛金・支払手形・借入金等）の不履行は組織の信用に関わるものとなる。そこで，資金不足（資金ショート）を回避するため期末支払可能残高を把握することが「キャッシュ・フロー計算書」の主たる役割・機能となる。

　そして，当該事業年度キャッシュ・フローの状況について詳しく把握するために，「事業活動によるキャッシュ・フロー」，「投資活動によるキャッシュ・

フロー」および「財務活動によるキャッシュ・フロー」に区分して測定・表示される。

　また公益法人会計では，発生主義に基づく認識・測定を正味財産増減計算に取り込んだため（平成16年），現金主義に基づく正味財産の増減額とは異なる価額が表示される。このため，正味財産増減計算書の「当期一般正味財産増減額」がプラスでも，キャッシュ・フロー・ベースでマイナスとなる可能性が出てくる。そこで，間接法のキャッシュ・フロー計算書では，「当期一般正味財産増減額」に対する「キャッシュ・フローへの調整額」（減価償却費・退職給付引当金の増減額・未収未払金の増減額・貯蔵品の増減額等）を表示することにより，「事業活動によるキャッシュ・フロー」価額との乖離要因を把握できる。

【注】

1）減価償却方法など会計方針の変更により，一般正味財産増減額の金額も異なってくるが，「キャッシュ・フロー計算書」には影響しない（新日本有限責任監査法人『新公益法人会計と税務』中央経済社，2009年，75頁）。

第8章
社会福祉法人会計

　本章（第8章）以降では，これまで説明してきた「公益法人会計」以外の非営利組織である，社会福祉法人・NPO法人・医療法人・学校法人の会計につき，財務諸表の主要規定，表示科目，計算構造などについて説明していく。本章では「社会福祉法人会計」を採り上げる。

　社会福祉法人の会計について厚生労働省は，「民間非営利法人の健全な発展は社会の要請であり，社会福祉法人は，その取り巻く社会経済状況の変化を受け，一層効率的な法人経営が求められること，また，公的資金・寄附金等を受け入れていることから，経営実態をより正確に反映した形で国民と寄付者に説明する責任があるため，事業の効率性に関する情報の充実や事業活動状況の透明化が求められる。」と規定している[1]。つまり，効率的経営の意思決定支援と第三者に対する説明責任履行のために，法人の会計情報を測定・表示する基準が設定されるのである。

　そこで「社会福祉法人会計基準」に基づき，まず「一般原則」および財務諸表の「区分」について説明する（第1節）[2]。そして，資金収支計算書（第2節），事業活動計算書（第3節），貸借対照表（第4節），附属明細表（第5節）の各々における諸規定，表示科目，および計算処理等について述べる。

1．社会福祉法人会計基準／総則

　社会福祉法人会計基準／第1章／総則では，主に「一般原則」と「区分方法」について規定されている。本節以下では，各々について示す。

1.1 「一般原則」

社会福祉法人会計基準の第1章／総則では，「一般原則」として，以下の事項が規定されている。

(1) 財務諸表は，資金収支および純資産増減の状況ならびに資産，負債および純資産の状態に関する真実な内容を明りょうに表示するものでなければならない。

(2) 財務諸表は，正規の簿記の原則に従って正しく記帳された会計帳簿に基づいて作成しなければならない。

(3) 会計処理の原則および手続ならびに財務諸表の表示方法は，毎会計年度これを継続して適用し，みだりに変更してはならない。

(4) 重要性の乏しいものについては，会計処理の原則および手続ならびに財務諸表の表示方法の適用に際して，本来の厳密な方法によらず，他の簡便な方法によることができる。

1.2 財務諸表の「区分」

社会福祉法人は財務諸表作成の表示において，「社会福祉事業」，「公益事業」，「収益事業」の区分（「事業区分」と呼ぶ）を設けなければならない（第1の5）。

また，実施する事業の会計管理の実態を勘案した「拠点区分」を設けなければならない（第1の6）。「拠点区分」は予算管理の単位とし，一体として運営される施設，事業所または事務所をもって1つの拠点区分とするもので，法令上の事業種別，事業内容および実施する事業の会計管理の実態を勘案して区分を設定するものとする（注解3）。

さらに，その拠点で実施する事業内容に応じて「サービス区分」を設けなければならない（第1の6）。サービス区分は，その拠点で実施する複数の事業について法令等の要請により会計を区分して把握すべきものとされているものについて区分を設定するものとする（注解4）[3]。区分方法につき，図表8−1のように表すことができる。

図表8－1　社会福祉法人会計基準における「区分方法」の概念図

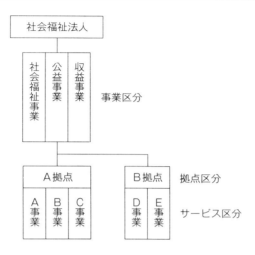

出所：厚生労働省「社会福祉法人の新会計基準（素案）について」2009年, 6頁。

　そして基準では，以上の区分を反映した財務諸表（資金収支計算書・事業活動計算書・貸借対照表）の様式が規定される。「1様式」では法人全体，「2様式」では事業区分別（法人全体の会計を横軸で事業別に区分表示），「3様式」では拠点区分別（事業区分の会計を横軸で拠点別に区分表示），「4様式」では拠点区分別（1つの拠点を表示）で，財務諸表が作成される。

2．社会福祉法人会計／資金収支計算書

　社会福祉法人会計基準において，資金収支計算書は，「当該会計年度におけるすべての支払資金の増加及び減少の状況を明りょうに表示するものでなければならない。」と規定される（第2の1）。
　規定に明記される「支払資金」について，注解6では，以下のように説明されている。

・経常的な支払準備のために保有する現金および預貯金，短期間のうちに回収されて現金または預貯金になる未収金，立替金，有価証券等および短期間のうちに事業活動支出として処理される前払金，仮払金等の流動資産。

・短期間のうちに現金または預貯金によって決済される未払金，預り金，短期運営資金借入金等および短期間のうちに事業活動収入として処理される前受金等の流動負債。

　資金収支計算書の区分として，「事業活動による収支」，「施設整備等による収支」および「その他の活動による収支」に分けて記載される（第2の5）[1]。

　「事業活動による収支」には，経常的な事業活動による収入および支出（受取利息配当金収入および支払利息支出を含む）を記載し，事業活動資金収支差額を記載するものとする。

　「施設整備等による収支」には，固定資産の取得に係る支出および売却に係る収入，施設整備等補助金収入，施設整備等寄附金収入および設備資金借入金収入ならびに設備資金借入金元金償還支出等を記載し，施設整備等資金収支差額を記載するものとする。

　「その他の活動による収支」には，長期運営資金の借入れおよび返済，積立資産の積立ておよび取崩し，投資有価証券の購入および売却等資金の運用に係る収入および支出（受取利息配当金収入および支払利息支出を除く）などを記載し，その他の活動資金収支差額を記載するものとする。

　資金収支計算書の概略は，図表8－2のとおりである。

第8章　社会福祉法人会計　69

図表8－2　社会福祉法人会計／資金収支計算書の概略

勘定科目	予　算	決　算	差　異	備　考
事業活動による収支 　収　入 　支　出				
施設整備等による収支 　収　入 　支　出				
その他の活動による収支 　収　入 　支　出				

そして，3区分それぞれの表示科目は以下のとおりである。

① 事業活動による収支

（支出）	（収入）
人件費支出 　事業費支出 　事務費支出 　就労支援事業支出 　授産事業支出 　利用者負担軽減額 　支払利息支出 　その他の支出 　流動資産評価損等による資金減少額 事業活動支出計	介護保険事業収入 　老人福祉事業収入 　児童福祉事業収入 　保育事業収入 　就労支援事業収入 　障害福祉サービス等事業収入 　生活保護事業収入 　医療事業収入 　借入金利息補助金収入 　経常経費寄附金収入 　受取利息配当金収入 　その他の収入 　流動資産評価益等による資金増加額 事業活動収入計

② 施設整備等による収支

（支出）	（収入）
設備資金借入金元金償還支出 固定資産取得支出 固定資産除却・廃棄支出 ファイナンス・リース債務の返済支出 その他の施設整備等による支出 施設整備等支出計	施設整備等補助金収入 施設整備等寄附金収入 設備資金借入金収入 固定資産売却収入 その他の施設整備等による収入 施設整備等収入計

③ その他の活動による収支

（支出）	（収入）
長期運営資金借入金元金償還支出 長期貸付金支出 投資有価証券取得支出 積立資産支出 その他の活動による支出 その他の活動支出計	長期運営資金借入金元金償還寄附金収入 長期運営資金借入金収入 長期貸付金回収収入 投資有価証券売却収入 積立資産取崩収入 その他の活動による収入 その他の活動収入計

3. 社会福祉法人会計／事業活動計算書

　社会福祉法人の「事業活動計算書」につき会計基準3.1では，「当該会計年度における純資産のすべての増減内容を明りょうに表示するものでなければならない。」とし（第3.1），「サービス活動増減の部」，「サービス活動外増減の部」，「特別増減の部」および「繰越活動増減差額の部」に4区分することを規定している（第3.3）。また事業活動計算書は法人全体を表示し，事業区分の情報は「事業活動内訳表」および「事業区分事業活動内訳表」において表示するものとする。そして拠点区分別の情報については，拠点区分事業活動計算書において表示するものとする。ここでは，計算書の概略と表示4区分について説明する。

3.1 事業活動計算書の概略

事業活動計算書の概略は，図表8－3のとおりである。

図表8－3 社会福祉法人会計／事業活動計算書の概略

勘定科目	当年度決算	前年度決算	増　　減
サービス活動増減の部 　収　益 　費　用			
サービス活動外増減の部 　収　益 　費　用			
特別増減の部 　収　益 　費　用			
繰越活動増減差額の部			

3.2 サービス活動増減の部

「サービス活動増減の部」には，サービス活動による収益および費用を記載してサービス活動増減差額を記載するものとし，サービス活動費用に減価償却費等の控除項目として，「国庫補助金等特別積立金取崩額」を含めるものとする（第3.4）。

ここで特記されている「国庫補助金等特別積立金」とは，施設および設備の整備のために国または地方公共団体等から受領した国庫補助金等に基づいて積み立てられたものであり，社会福祉法人の資産取得のための負担を軽減し，コスト負担を軽減することを通して，利用者の負担を軽減するものである（注解10）。

そして，国庫補助金等により取得した資産の減価償却費等により事業費用として費用配分される額の，国庫補助金等の当該資産の取得原価に対する割合に相当する額を取り崩し，事業活動計算書のサービス活動費用に控除項目として

計上する（注解10）。つまり，国庫補助金等は，長期にわたる助成と考え，その効果の期待される期間，減価償却に対応させて当該マイナス額を相殺し，助成効果を回復させている。計算処理例は次のとおりである。

【計算例①】1,000（千円）の国庫補助金を受けた。

（借）普 通 預 金　1,000,000　　（貸）施設整備等補助金収益　1,000,000
　　　（貸借対照表／流動資産）　　　　　　（事業活動計算書／特別増減の部）
（借）国庫補助金等特別　1,000,000　　（貸）国庫補助金等　　　　　1,000,000
　　　積立金積立額　　　　　　　　　　　　特別積立金
　　　（事業活動計算書／特別増減の部）　　　（貸借対照表／純資産）

【計算例②】資産の減価償却を行ったので，サービス活動費用に控除項目として100（千円）を計上する。

（借）減 価 償 却 費　100,000　　（貸）建　　　　物　　　100,000
　　　（事業活動計算書／サービス活動増減の部）　　　（貸借対照表／固定資産）
（借）国庫補助金等　　　100,000　　（貸）国庫補助金等特別　　100,000
　　　特別積立金　　　　　　　　　　　　積立金取崩額
　　　（貸借対照表／純資産）　　　　　　（事業活動計算書／サービス活動増減の部）

　仕訳によれば，固定資産の購入に際し国庫補助金を受けた場合，いったん「施設整備等補助金収益」として収益計上し，同額を，「国庫補助金等特別積立金積立額」として費用計上することで，純資産の部に「国庫補助金等特別積立金」を組み入れる（振替）。そして期末ごとに当該固定資産の減価償却を行う一方，同額について，「国庫補助金等特別積立金」の取り崩しを行い，「国庫補助金等特別積立金取崩額」という収益的勘定（これにより減価償却費のマイナスを相殺）が設定される[5]。

　「サービス活動増減の部」の表示科目は次のとおりである。

（費用）	（収益）
人件費	介護保険事業収益
事業費	老人福祉事業収益
事務費	児童福祉事業収益
就労支援事業費用	保育事業収益
授産事業費用	就労支援事業収益
利用者負担軽減額	障害福祉サービス等事業収益
減価償却費	生活保護事業収益
△国庫補助金等特別積立金取崩額	医療事業収益
徴収不能額	経常経費寄附金収益
徴収不能引当金繰入	その他の収益
その他の費用	サービス活動収益計
サービス活動費用計	

3.3　サービス活動外増減の部

　「サービス活動外増減の部」には，受取利息配当金，支払利息，有価証券売却損益ならびにその他サービス活動以外の原因による収益および費用であって経常的に発生するものを記載し，サービス活動外増減差額を記載するものとする。表示科目は次のとおりである。

（費用）	（収益）
支払利息	借入金利息補助金収益
有価証券評価損	受取利息配当金収益
有価証券売却損	有価証券評価益
投資有価証券評価損	有価証券売却益
投資有価証券売却損	投資有価証券評価益
その他のサービス活動外費用	投資有価証券売却益
サービス活動外費用計	その他のサービス活動外収益
	サービス活動外収益計

3.4　特別増減の部

　「特別増減の部」には，寄附金，国庫補助金等の収益，固定資産売却等に係る損益，事業区分間または拠点区分間の繰入れおよびその他の臨時的な損益

（金額が僅少なものを除く）を記載し，「基本金の組入額」および「国庫補助金等特別積立金積立額」を減算して，特別増減差額を記載するものとする。当該減算額は，貸借対照表／純資産の部に振り替えられる。

「基本金の組入額」とできるのは，①社会福祉法人の設立ならびに施設の創設および増築等のために基本財産等を取得すべきものとして指定された寄附金の額，②前号の資産の取得等に係る借入金の元金償還に充てるものとして指定された寄附金の額，③施設の創設および増築時等に運転資金に充てるために収受した寄附金の額である（注解12）。

前項・仕訳①に記された「国庫補助金等特別積立金」は，①施設および設備の整備のために国および地方公共団体等から受領した補助金，助成金および交付金等，②設備資金借入金の返済時期に合わせて執行される補助金等のうち，施設整備時または設備整備時においてその受領金額が確実に見込まれており，実質的に施設整備事業または設備整備事業に対する補助金等に相当するものが含まれる（注解11）。そして仕訳①で示されたとおり，補助金額を事業活動計算書の特別収益に計上した後，同額を国庫補助金等特別積立金積立額として特別費用に計上することで，貸借対照表／純資産に振り替える。

表示科目は次のとおりである。

（費用）	（収益）
基本金組入額	施設整備等補助金収益
資産評価損	施設整備等寄附金収益
固定資産売却損・処分損	長期運営資金借入金元金償還寄附金収益
△国庫補助金等特別積立金取崩額（除却等）	固定資産受贈額
国庫補助金等特別積立金積立額	固定資産売却益
災害損失	その他の特別収益
その他の特別損失	特別収益計
特別費用計	

3.5　繰越活動増減差額の部

　「繰越活動増減差額の部」は，「前期繰越活動増減差額」に「当期活動増減差額」を加算して「当期末繰越活動増減差額」を計上し，これに「基本金取崩額」[6]，「その他の積立金取崩額」を加算して「その他の積立金積立額」[7]を減算し，「次期繰越活動増減差額」として記載する。

　表示項目と計算プロセスは次のとおりである。

当期活動増減差額※ 前期繰越活動増減差額	(1) (2)
当期末繰越活動増減差額	(3) ＝ (1) ＋ (2)
基本金取崩額 その他の積立金取崩額 その他の積立金積立額	(4) (5) (6)
次期繰越活動増減差額	(7) ＝ (3) ＋ (4) ＋ (5) － (6)

※社会福祉法人会計基準では「繰越活動増減差額の部」に表示されないが，理解しやすくするため，ここに表示した。

4．社会福祉法人会計／貸借対照表

　貸借対照表は，資産の部，負債の部および純資産の部に区分し，さらに資産の部を流動資産および固定資産に，負債の部を流動負債および固定負債に区分しなければならない（基準第4章・2）。また，貸借対照表は，法人全体を表示し，事業区分の情報は「貸借対照表内訳表」および「事業区分貸借対照表内訳表」において表示する。また，拠点区分別の情報については，「拠点区分貸借対照表」を作成するものとする（第4章・5）。

　表示される項目の価額に対する規定については，基準第4章・3で資産および負債の部，基準第4章・4で純資産の部が示されている。以下，全体の概略を示した後，各々の規定について説明する。

4.1 貸借対照表の概略

貸借対照表の概略は，図表8－4のとおりである。

図表8－4　社会福祉法人会計／貸借対照表の概略

（資産の部） 　流動資産 　固定資産 　　基本財産 　　その他の固定資産	（負債の部） 　流動負債 　固定負債
	（純資産の部） 　基本金 　国庫補助金等特別積立金 　その他の積立金 　次期繰越活動収支差額

4.2 資産および負債の部

貸借対照表に表示される資産・負債の価額については，以下の規定がある。

1 流動資産に関する規定

（1）資産の貸借対照表価額は，原則として，当該資産の取得価額を基礎として計上しなければならない。受贈，交換によって取得した資産の取得価額は，その取得時における公正な評価額とする。

（2）受取手形，未収金，貸付金等の債権については，取得価額から徴収不能引当金を控除した額をもって貸借対照表価額とする。

（3）満期まで所有する意思をもって保有する社債その他の債券（満期保有目的の債券）等については，取得価額をもって貸借対照表価額とする。満期保有目的の債券等以外の有価証券のうち市場価格のあるものについては，時価をもって貸借対照表価額とする。

（4）棚卸資産については，取得価額をもって貸借対照表価額とする。ただし，時価が取得価額よりも下落した場合には，時価をもって貸借対照表価額とする。

2 固定資産に関する規定

（5）有形固定資産および無形固定資産については，その取得価額から減価償却累計額を控除した価額をもって貸借対照表価額とする。

（6）資産の時価が著しく下落したときは，回復の見込みがあると認められる場合を除き，時価をもって貸借対照表価額としなければならない。ただし，有形固定資産および無形固定資産について使用価値を算定でき，かつ使用価値が時価を超える場合には，取得価額から減価償却累計額を控除した価額を超えない限りにおいて使用価値をもって貸借対照表価額とすることができるものとする。

3 負債に関する規定

（7）引当金として計上すべきものがある場合には，当該内容を示す科目を付して，その残高を負債の部に計上または資産の部の控除項目として記載するものとする。

4.3 純資産の部

貸借対照表に表示される純資産の価額については，以下の規定がある（基準第4章・4，カッコの数字は基準で付された番号）。

（1）純資産の区分

貸借対照表の純資産は，基本金，国庫補助金等特別積立金，その他の積立金および次期繰越活動増減差額に区分するものとする。

（2）基本金

基本金には，社会福祉法人が事業開始等にあたって財源として受け取った寄附金の額を計上するものとする。

（3）国庫補助金等特別積立金

国庫補助金等特別積立金には，施設および設備の整備のために国または地方公共団体等から受領した補助金，助成金および交付金等の額を計上するものと

する。

（4）その他の積立金

その他の積立金には，将来の特定の目的の費用または損失に備えるため，理事会の議決に基づき事業活動計算書の当期末繰越活動増減差額から積立金として積み立てた額を計上するものとする。

5. 社会福祉法人会計／附属明細書

社会福祉法人会計基準では，財務諸表のほか「附属明細書」について規定されている。附属明細書の内容について，「当該会計年度における資金収支計算書，事業活動計算書及び貸借対照表に係る事項を表示するもの」とされる（基準第6章・1）。そして，「資金収支計算書，事業活動計算書及び貸借対照表の内容を補足する重要な事項を表示しなければならない。」と規定される（基準第6章・2）。作成すべき附属明細書は，次のとおりである。

- ・基本財産及びその他の固定資産（有形・無形固定資産）の明細書
- ・引当金明細書
- ・拠点区分資金収支明細書
- ・拠点区分事業活動明細書
- ・その他重要な事項に係る明細書

「基本財産及びその他の固定資産（有形・無形固定資産）の明細書」は，各資産について，期首帳簿価額，当期増加額，当期減価償却額，当期減少額，期末帳簿価額，減価償却累計額，および期末取得原価が表示される。またそれぞれについて，「うち国庫補助金の額」が表示される。

「引当金明細書」には，引当金の種類ごとに，期首残高，当期増加額，当期減少額および期末残高の明細を記載する。また，目的使用以外の要因による減少額については，その内容および金額を注記する。

【注】

1）厚生労働省「社会福祉法人の新会計基準（素案）について」，2009年，1頁。

2）社会福祉法人が行う事業として，障害福祉関係施設，保育所，その他児童福祉施設，保護施設，養護老人ホーム，軽費老人ホーム，特養等介護保険施設，重症心身障害児施設，訪問看護ステーション，介護老人保健施設，病院・診療所などがある。

3）例えば，①指定居宅サービスの事業の人員，設備および運営に関する基準その他介護保険事業の運営に関する基準における会計の区分，②障害者自立支援法に基づく指定障害福祉サービスの事業等の人員，設備および運営に関する基準における会計の区分がある。また，その他の事業については，法人の定款に定める事業ごとに区分するものとする。

4）また，資金収支計算書は法人全体を表示するものとし，事業区分情報は「資金収支内訳表」および「事業区分資金収支内訳表」，拠点区分別情報は「拠点区分資金収支計算書」において表示する（第2の6）。

5）「国庫補助金等特別積立金取崩額」は，通常「サービス活動増減の部」に表示されるが，除去の場合は「特別増減の部」に表示される。

6）「基本金の取崩」について，社会福祉法人が事業の一部または全部を廃止し，かつ基本金組入れの対象となった基本財産またはその他の固定資産が廃棄され，または売却された場合には，当該事業に関して組み入れられた基本金の一部または全部の額を取り崩し，その金額を事業活動計算書の繰越活動増減差額の部に計上する（注解13）。

7）「その他の積立金」とは，将来の特定の目的の費用または損失に備えるため，理事会の議決に基づき事業活動計算書の当期末繰越活動増減差額から積立金として積み立てた額である（基準第4章・4）。

第9章
NPO 法人会計

　本章は、「NPO 法人会計基準」に基づいて「会計基準の目的」を示したうえ
で（第1節）、「活動計算書」における表示科目、評価基準および法人特有の取
引について説明し（第2節）、次いで「貸借対照表」における表示科目、評価基
準および法人特有の取引について説明する（第3節）。

1．NPO 法人会計基準の目的

　「NPO 法人会計基準」においては、「市民の期待とそれにこたえるべき NPO
法人の責任の双方にふさわしい会計基準とはいかなるものであるか」という問
題意識に基づき、①市民にとってわかりやすい会計報告であること、②社会の
信頼にこたえる会計報告であることを理念としている[1]。
　「基準Ⅰ・NPO 法人会計基準の目的」では、次のように規定されている。
（1）NPO 法人の会計報告の質を高め、NPO 法人の健全な運営に資するこ
　　　と。
（2）財務の視点から、NPO 法人の活動を適正に把握し、NPO 法人の継続
　　　可能性を示すこと。
（3）NPO 法人を運営する者が、受託した責任を適切に果たしたか否かを明
　　　らかにすること。
（4）NPO 法人の財務諸表等の信頼性を高め、比較可能にし、理解を容易に
　　　すること。
（5）NPO 法人の財務諸表等の作成責任者に会計の指針を提供すること。

そして，社会の信頼に応える会計報告には正確性が確保されねばならず，そのため複式簿記より誘導される貸借対照表および活動計算書の作成が推奨されている[2]。そして「基準Ⅲ・財務諸表等の体系と構成」において，NPO法人の財務諸表として，活動計算書，貸借対照表，および財産目録の諸基準が規定される[3]。

2．NPO法人会計／活動計算書

基準Ⅲ・9において「活動計算書は，当該事業年度に発生した収益，費用及び損失を計上することにより，NPO法人のすべての正味財産の増減の状況を明瞭に表示し，NPO法人の活動の状況を表すものでなければならない。」と規定される。これを受け，基準ⅣおよびⅤでは「収益及び費用の把握と計算」，注解1では「活動計算書の表示方法」がそれぞれ規定されている。さらに基準Ⅶ・25，26，27では，活動計算書に係るNPO法人に特有の取引等が示されている。以下ではこれらの内容を説明する。

2．1　活動計算書の表示科目
活動計算書の表示科目について，注解1の規定は次のとおりである。

（活動計算書の区分表示）
活動計算書は経常収益，経常費用，経常外収益及び経常外費用に区分する。

（経常収益）
経常収益は，NPO法人の通常の活動から生じる収益で，受取会費，受取寄付金，受取助成金等，事業収益及びその他収益等に区分して表示する。

（受取会費）
翌期以後に帰属すべき受取会費の前受額は，当期の収益とせずに負債の部に前受会費として計上しなければならない。

（経常費用）

経常費用は，NPO 法人の通常の活動に要する費用で，費用の性質を表わす形態別に把握し，人件費とその他経費に区分して表示しなければならない。

（人件費）

人件費は，役員報酬，給料手当，臨時雇賃金，福利厚生費，退職給付費用等をいう。

（その他経費）

その他経費は，経常費用のうち，人件費以外のものをいう。

（経常外収益）

経常外収益は，NPO 法人の通常の活動以外から生じる収益で，固定資産売却益等の臨時利益又は過年度損益修正益等が該当する。

（経常外費用）

経常外費用は，NPO 法人の通常の活動以外から生じる費用又は損失で，固定資産売却損等の臨時損失又は過年度損益修正損等が該当する。ただし，金額の僅少なもの又は毎期経常的に発生するものは，経常費用の区分に記載することができる。

以上の規定項目を構成要素とする活動計算書の概要（規定様式）は，図表9－1のとおりである（最下位段および合計段省略）。

図表9−1　NPO法人会計／活動計算書の概要

Ⅰ　経常収益
　　1．受取会費
　　2．受取寄付金
　　3．受取助成金等
　　4．事業収益
　　5．その他収益
　経常収益計

Ⅱ　経常費用
　　1．事業費
　　　（1）人件費
　　　（2）その他経費
　事業費計
　　2．管理費
　　　（1）人件費
　　　（2）その他経費
　管理費計
　経常費用計

当期経常増減額

Ⅲ　経常外収益
　　1．固定資産売却益
　　　・・・・・・・・
　経常外収益計
Ⅳ　経常外費用
　　1．過年度損益修正損
　　　・・・・・・・・
　経常外費用計

　　当期正味財産増減額
　　前期繰越正味財産額
　　次期繰越正味財産額

2.2 収益及び費用の認識・測定に係る基準

基準Ⅳ「収益及び費用の把握と計算―その1」および基準Ⅴ「収益及び費用の把握と計算―その2」において，会計上の認識・測定に係る規定が示されている。これらをまとめると図表9-2のようになる。

図表9-2 収益及び費用の認識・測定に係る基準

基準 No	項　目	認識・測定に係る基準
12	受取会費	受取会費は，確実に入金されることが明らかな場合を除き，実際に入金したときに収益として計上する。
13	受取寄付金	受取寄付金は，実際に入金したときに収益として計上する。
14	費用の区分	NPO法人の通常の活動に要する費用は，事業費及び管理費に区分し，かつそれぞれを人件費及びその他経費に区分して表示する。
15	少額の資産	消耗品の購入等で少額のものは，実際に支払ったときに費用として計上することができる。
16	定期的に支払う費用	電話代，電気代，家賃等定期的に支払う費用は，実際に支払ったときに費用として計上することができる。
17	事業収益	棚卸資産の販売又はサービスを提供して対価を得る場合は，販売又はサービスを提供したときに収益として計上し，対価の額をもって収益の額とする。
20	減価償却費の計上	貸借対照表に計上した固定資産のうち，時の経過等により価値が減少するものは，減価償却の方法に基づき取得価額を減価償却費として各事業年度に配分しなければならない。
22	複数事業の 事業別開示	事業費は，事業別に区分して注記することができる。その場合収益も事業別に区分して表示することを妨げない。

　なお「費用の区分」のうち，事業費とは，NPO法人が目的とする事業を行うために直接要する人件費およびその他経費をいい，管理費とは，NPO法人の各種の事業を管理するための費用で，総会および理事会の開催運営費，管理部門に係る役職員の人件費，管理部門に係る事務所の賃借料および光熱費等のその

他経費をいう（注解4の18・19）。そして，事業費および管理費は，それぞれ人件費およびその他経費に区分したうえで，形態別に表示しなければならない（注解4の20）。

2.3　活動計算書に計上されるNPO法人特有の取引等

基準Ⅶ「NPO法人に特有の取引等」では，NPO法人における特有の取引について，活動計算書および貸借対照表および注記に係る事項が示されている。以下では，活動計算書に係る事項について，「NPO法人会計基準のQ＆A」に基づいて説明する。

（1）無償又は著しく低い価格で施設の提供等を受けた場合の取扱い（Ⅶの25）

> 無償又は著しく低い価格で施設の提供等の物的サービスを受けた場合で，提供を受けた部分の金額を合理的に算定できる場合には，その内容を注記することができる。なお，当該金額を外部資料等により客観的に把握できる場合には，注記に加えて活動計算書に計上することができる。

ここで，提供を受けたサービスを活動計算書に計上する場合，経常収益／受取寄付金の小項目に「施設等受入評価益」を計上し，当該マイナス価額として経常費用／事業費／その他経費の小項目に「施設等評価費用」を計上する。これにより，無償等で得られたサービスの価額をいったん顕在化することができる（計算書後段でマイナスして相殺）。当該価額は，正味財産を増加させるものではないが，「活動」のなかで得られた利得であるため収益として加算される。

（2）ボランティアによる役務の提供の取扱い（Ⅶの26）

> 無償又は著しく低い価格で活動の原価の算定に必要なボランティアによる役務の提供を受けた場合で，提供を受けた部分の金額を合理的に算定できる場合には，その内容を注記することができる。なお，当該金額を外部資料等により客観的に把握できる場合には，注記に加えて活動計算書に計上することができる。

第 9 章　NPO 法人会計　87

　ここで，提供を受けたボランティアを活動計算書に計上する場合，経常収益
／受取寄付金の小項目に「ボランティア受入評価益」を計上し，当該マイナス
価額として経常費用／事業費／人件費の小項目に「ボランティア評価費用」を
計上する。これにより，無償等で得られたサービスの価額をいったん顕在化す
ることができる（計算書後段でマイナスして相殺）。当該価額は，正味財産を増加
させるものではないが，「活動」のなかで得られた利得であるため収益として
加算される。

（3）使途等が制約された寄付金等の取扱い（Ⅶの27）

> 　寄付等によって受入れた資産で，寄付者等の意思により当該受入資産の使途等につい
> て制約が課されている場合には，当該事業年度の収益として計上するとともに，その使
> 途ごとに受入金額，減少額及び事業年度末の残高を注記する。

　ここで，使途等が制約された寄付金等には，明確な目的に使用されるべき目
的の制約，将来の一定期間または特定日以後に解除される時間の制約，および
両者を含むものに区分される。これらは収益として計上し，使途ごとに受入金
額，減少額および事業年度末の残高を注記する[4]。

3．NPO 法人会計／貸借対照表

　基準Ⅲ・10において「貸借対照表は，当該事業年度末現在におけるすべて
の資産，負債及び正味財産の状態を明瞭に表示するものでなければならない。」
とされる。これを受け，基準ⅣおよびⅤでは「収益及び費用の把握と計算」，
注解2では「貸借対照表の表示方法及び計上額」がそれぞれ規定されている。
さらに基準Ⅶ・24，28，29では，貸借対照表に係る NPO 法人に特有の取引等
が示されている。以下ではこれら規定を説明する。

3.1 貸借対照表の表示科目

貸借対照表の表示科目について，注解2の規定は，次のとおりである。

（貸借対照表の区分表示）

貸借対照表は，資産の部，負債の部及び正味財産の部に区分する。資産の部は流動資産及び固定資産に区分し，固定資産は，有形固定資産，無形固定資産及び投資その他の資産に区分する。負債の部は流動負債及び固定負債に区分する。

（資産の貸借対照表価額）

資産の貸借対照表価額は，原則として，当該資産の取得価額に基づき計上しなければならない。

ただし，資産の時価が著しく下落したときは，回復の見込みがあると認められる場合を除き，時価をもって貸借対照表価額としなければならない。

（棚卸資産）

棚卸資産は，取得価額をもって貸借対照表価額とする。ただし，時価が取得価額よりも下落した場合は，時価をもって貸借対照表価額とすることができる。

（固定資産）

有形固定資産及び無形固定資産は，取得価額から減価償却累計額を差し引いた価額をもって貸借対照表価額とする。固定資産の取得価額は，購入の代価に，運送，据え付け等のための付随費用を加えた価額をいう。

（特定資産）

特定の目的のために資産を有する場合には，流動資産の部又は固定資産の部において当該資産の保有目的を示す独立の科目で表示する。

（外貨建債権債務）

外国通貨，外貨建金銭債権債務（外貨預金を含む），外貨建有価証券等については，決算時の為替相場に基づく円換算額を付する。

（リース取引）

リース取引については，原則として賃貸借取引として処理をする。ただし，リース取引が事実上物件の売買と同様の状態にあると認められる場合には，売買取引に準じて処理することができる。

（引当金）

将来の特定の費用又は損失であって，その発生が当期以前の事象に起因し，発生の可能性が高く，かつその金額を合理的に見積ることができる場合には，当期の負担に属する金額を当期の費用又は損失として引当金に繰入れる。

第9章 NPO法人会計　89

　また，基準Ⅴ「収益及び費用の把握と計算—その2」において，貸借対照表・資産及び負債の配分・評価に係る規定が示されている。これらをまとめると図表9-3のようになる。

図表9-3　資産及び負債の配分・評価に係る基準

基準 No	項　目	測定に係る基準
18	棚卸資産の計上	販売して対価を得るための棚卸資産は，購入又は製造した時点では費用とせず，実際に販売した時に費用とする。事業年度末において販売していない棚卸資産は貸借対照表として計上する。
19	固定資産の計上	購入した固定資産は，原則として当該資産の取得原価を基礎として計上しなければならない。

　以上の規定を含めて示された貸借対照表の様式概略は，図表9-4のとおりである（最下位段および合計段は省略）。

図表9-4　NPO法人会計／貸借対照表（概略）

3.2　貸借対照表に計上されるNPO法人特有の取引等

　基準Ⅶ「NPO法人に特有の取引等」で規定される，貸借対照表に係る事項について以下で示す。

（1）現物寄付の取扱い（Ⅶの24）

> 受贈等によって取得した資産の取得価額は，取得時における公正な評価額とする。

「NPO法人会計基準Q＆A・24－1」において，想定される評価の事例が示されている。以下，その概要を示す。

① 什器備品

正常品については定価，中古品等については売却価額の見積りなどにより公正な評価額を算定する。新品については，市場での店頭価格などを参照する。

② 棚卸資産

正常品については定価，処分品や型落ち品については処分予定価額や使用予定価額などにより公正な評価額を算定する。

③ 土　地

近隣の売買実例価額，不動産鑑定士による鑑定評価額，地価公示法に基づく公示価格などにより公正な評価額を算定する。

④ 建　物

近隣の売買実例価額，不動産鑑定士による鑑定評価額，固定資産税評価額から計算された価額，当該建物を新たに取得したと仮定した場合に支出する予想価額などにより公正な評価額を算定する。

（2）返還義務のある助成金，補助金等の未使用額の取扱い（Ⅶの28）

> 対象事業及び実施期間が定められ，未使用額の返還義務が規定されている助成金，補助金等について，実施期間の途中で事業年度末が到来した場合の未使用額は，当期の収益には計上せず，前受助成金等として処理しなければならない。

「NPO法人会計基準Q＆A・28－1」において，補助金等の未使用額の取扱いに関する会計処理が示されている。助成金や補助金には，決算期末時点で先

第9章　NPO法人会計　91

に受け取った補助金等のすべてを使いきっていないケースが起こり得る。この場合には，受け取った補助金等のうち，事業年度末に使用していない価額について，当期の収益とせずに「前受助成金」，「前受補助金」などの負債に計上する。

（3）後払いの助成金，補助金等の取扱い（Ⅶの29）

> 　対象事業及び実施期間が定められている助成金，補助金等のうち，実施期間満了後又は一定期間ごとに交付されるもので，事業年度末に未収の金額がある場合，対象事業の実施に伴って当期に計上した費用に対応する金額を，未収助成金等として計上する。

「NPO法人会計基準Q＆A・29－1」において，未収金の取扱いに関する会計処理が示されている。補助金等については，交付が決定されていても，事業が先に実施され，補助金等の交付は翌期となるケースが起こり得る。この場合には，対象事業の実施に伴って当期に計上した費用に対応する金額を，未収補助金等として計上する。

【注】

1）「NPO法人会計基準策定プロジェクト最終報告」NPO法人会計基準協議会，2010年，8頁。
2）同上稿，8頁。また，貸借対照表や活動計算書で足りない情報について財務諸表の注記で補足することとしている。
3）基準Ⅳ・Ⅴ「収益及び費用の把握と計算―1・2」において，11項目の計上基準が列挙されているが，収益・費用に受取寄付金，棚卸資産，固定資産が含まれることから，従前の現金主義，単式記録実務の思考が残存したものと解される。これに関連する発生主義・複式記録への転換の経緯は，NPO法人会計基準「議論の経緯と結論の背景」，14－17段に説明されている。
4）ただし，使途等が制約された寄付金で重要性が高い場合には，貸借対照表／正味財産の部を指定正味財産と一般正味財産に区分し，活動計算書を一般正味財産増減の部と指定正

味財産増減の部に区分したうえで，貸借対照表／正味財産の部／指定正味財産の部，および活動計算書／指定正味財産増減の部に受入額を記載する（注解6）。また，制約が解除された場合には，当該価額を指定正味財産から一般正味財産に振り替える（注解6）。

第10章
病 院 会 計

　わが国における医療機関の会計につき，平成26年2月に，四病院団体協議会の会計基準策定小委員会から「医療法人会計基準に関する検討報告書」が公表され，同年3月に厚生労働省は，一般に公正妥当な会計基準としてこれを認めることとなった。

　他方これまでは，病院を対象に当該会計の基準を定めた「病院会計準則」が主に適用されてきた。この準則は，病院の財政状態および運営状況を適正に把握し，病院の経営体質の強化，改善向上に資することを目的としたものである。

　四病院団体協議会の上記報告書では，施設基準たる病院会計準則と新たな医療法人会計基準とで整合化を図りながら，各々の法人がその開設している事業の種類や数等を勘案して会計処理方法を構築すべきとしている。

　そこで本章は，引き続き医療機関の主たる会計基準となる「病院会計準則」に焦点を当て，会計準則の目的を示したうえで（第1節），財務諸表の概略と表示科目について，貸借対照表（第2節），損益計算書（第3節），キャッシュ・フロー計算書（第4節），附属明細表（第5節）の順で説明していく。

1.「病院会計準則の目的」

　病院会計準則では，会計の目的について，「すべての病院を対象に，会計の基準を定め，病院の財政状態及び運営状況を適正に把握し，病院の経営体質の強化，改善向上に資することを目的とする。」と規定されている（準則1・1）。

94

そして準則の適用にあたっては，以下の３点の前提が示されている（準則1・2）。

（1）病院会計準則は，病院ごとに作成される財務諸表の作成基準を示した
　　ものであること。
（2）病院会計準則に定めのない取引・事象については，開設主体の会計基
　　準および一般に公正妥当と認められる会計の基準に従うこと。
（3）病院の開設主体が会計規則を定める場合には，この会計準則に従うこ
　　と。

　規定においては，準則の遵守を示しながらも，一般に公正妥当と認められる
会計基準，および開設主体の会計基準を容認していることが特徴的である[1]。

2．病院会計／貸借対照表

　病院会計準則第３章では，貸借対照表に関する規定が示されている。貸借対
照表の作成目的は，貸借対照表日におけるすべての資産，負債および純資産を
記載し，経営者，出資者（開設者），債権者その他の利害関係者に対して病院の
財政状態を正しく表示することである（第14）。以下では，準則に規定される
貸借対照表の規定に基づき，分類科目の内容および特有の計算処理について説
明する。

2．1　貸借対照表の概略
　病院会計準則に示された貸借対照表の様式の概略は図表10－1のとおりで
ある。

第 10 章　病院会計　95

図表 10 − 1　病院会計準則／貸借対照表（概略）

（資産の部）	（負債の部）
Ⅰ　流動資産	Ⅰ　流動負債
Ⅱ　固定資産	Ⅱ　固定負債
1　有形固定資産	（純資産の部）
2　無形固定資産	Ⅰ　純資産額
3　その他の資産	（うち，当期純利益又は当期純損失）

2.2　資産の部

　資産は，流動資産に属する資産および固定資産に属する資産に区別しなければならない。仮払金，未決算等の勘定を貸借対照表に記載するには，その性質を示す適当な科目で表示する（第19・2）。

1　流動資産

　現金・預金，経常の活動によって生じた未収金等の債権およびその他1年以内に回収可能な債権，売買目的有価証券等，医薬品，診療材料，給食用材料，貯蔵品等のたな卸資産は，流動資産に属する（第19・2・1）。

　ただし，医療用消耗器具備品，消耗器具備品は，期をまたいで一定期間使用する場合でも，費用として処理する[2]。また，医療用消耗器具備品・消耗器具備品以外のたな卸資産で，期末時点で現実の費消がないものの金額的重要性が低い場合は，費用に計上することができる[3]。

　前払費用で1年以内に費用となるものは流動資産に属し，未収金その他流動資産に属する債権は，医業活動上生じた債権とその他の債権とに区分して表示する（第19・2・1）。

2　固定資産

　固定資産のうち有形固定資産は，建物，構築物，医療用器械備品，その他の器械備品，車両および船舶，放射性同位元素，その他の有形固定資産，土地，

96

建設仮勘定などである（第19・2・2）。

無形固定資産は，借地権，ソフトウェアなどである（第19・2・2）。

また，流動資産に属さない有価証券，長期貸付金および有形固定資産ならびに無形固定資産に属するもの以外の長期資産は，その他の資産に属する（第19・2・2）。

2.3 負債の部

負債は，流動負債に属する負債と固定負債に属する負債とに区別しなければならない。仮受金，未決算等の勘定を貸借対照表に記載するには，その性質を示す適当な科目で表示する（第19・3）。

1 流動負債

経常的な活動によって生じた買掛金，支払手形等の債務およびその他期限が1年以内に到来する債務は，流動負債に属する（第19・3・1）。買掛金，支払手形その他の流動負債に属する債務は，医業活動から生じた債務とその他の債務とに区別して表示する（第19・3・1）。

また引当金のうち，賞与引当金のように，通常1年以内に使用される見込みのものは，流動負債に属する（第19・3・1）。

2 固定負債

長期借入金その他経常の活動以外の原因から生じた支払手形，未払金のうち，期間が1年を超えるものは，固定負債に属するものとする（第19・3・2）。

引当金のうち，退職給付引当金のように，通常1年を超えて使用される見込みのものは，固定負債に属する（第19・3・2）。

補助金については，非償却資産（土地など）の取得に充てられるものを除き，これを負債の部に記載し，業務の進行に応じて収益に計上しなければならない（第19・3・4）。すなわち，設備の取得に対して補助金が交付された場合は，当該設備の耐用年数にわたってこれを配分する。計算処理例は，次のとおりであ

第 10 章　病院会計　97

> **【計算例】基本財産である建物（一般正味財産）の減価償却価額を計上する。**
>
> ①　償却資産につき補助金 10,000,000 円を受け取る。
>
> 　（借）現　金　預　金　10,000,000　　　（貸）長期前受補助金　10,000,000
> 　　　　（貸借対照表／資産）　　　　　　　　　（貸借対照表／負債）
>
> ②　受け取った補助金で施設を建てる。
>
> 　（借）建　　　　　物　10,000,000　　（貸）現　金　預　金　10,000,000
> 　　　　（貸借対照表／資産）　　　　　　　　（貸借対照表／資産）
>
> ③　減価償却費を計上する。
>
> 　（借）減　価　償　却　費　1,000,000　　（貸）建　　　　　物　1,000,000
> 　（損益計算書／医業費用／設備関係費）　　　（貸借対照表／資産）
>
> ④　減価償却に対応し，収益を計上する。
>
> 　（借）長期前受補助金　1,000,000　　（貸）施設設備補助金収益　1,000,000
> 　　　　（貸借対照表／負債）　　　　　　　　（損益計算書／医業外収益）

る[4]。

　このように，受け取った補助金のすべてが当期に収益として認識されるのではなく，減価償却費に対応する価額のみが収益計上される。会計理論上，減価償却費は，資産が用益をもたらした代償として見積もる減耗価額である。そして減価償却費に対し会計的に対応する収益につき，得られた補助金の価額を配分して計上する。これにより，補助金を財源とする固定資産の費用化を緩和することができる。

2.4　純資産の部

　純資産は，資産と負債の差額として病院が有する正味財産であり，損益計算書との関係を明らかにするため，当期純利益または当期純損失の金額を記載するものとする（第19・4）。

2.5 「貸借対照表原則」における資産・負債の評価

病院会計「貸借対照表原則」に規定される「資産」の評価基準について，内容を図表10－2に示す。

図表10－2　貸借対照表／測定・表示科目の評価基準

項番	項目名	規　定（抜粋）
第20	資産の貸借対照表価額	貸借対照表に記載する資産の価額は，原則として，当該資産の取得原価を基礎として計上。
第22	有価証券の評価基準及び評価方法	1．購入代価に手数料等の付随費用を加算し，これに移動平均法等の方法を適用して算定した取得原価をもって貸借対照表価額とする。 2．売買目的有価証券，満期保有目的の債券，その他有価証券に区分し，それぞれの区分ごとの評価額をもって貸借対照表価額とする。
第23	棚卸資産の評価基準及び評価方法	医薬品，診療材料，給食用材料，貯蔵品等のたな卸資産については，原則として，購入代価又は製造原価に引取費用等の付随費用を加算し，これに移動平均法等あらかじめ定めた方法を適用して算定した取得原価をもって貸借対照表価額とする。ただし，時価が取得原価よりも下落した場合には，時価をもって貸借対照表価額としなければならない。
第24	医業未収金，未収金，貸付金等の貸借対照表価額	1．医業未収金，未収金，貸付金等その他債権の貸借対照表価額は，債権金額又は取得原価から貸倒引当金を控除した金額とする。なお，貸倒引当金は，資産の控除項目として貸借対照表上に計上。 2．貸倒引当金は，債務者の財政状態及び経営成績等に応じて，合理的な基準により算定した見積高をもって計上。
第25	有形固定資産の評価	1．有形固定資産については，その取得原価から減価償却累計額を控除した価額をもって貸借対照表価額とする。有形固定資産の取得原価には，原則として当該資産の引取費用等の付随費用を含める。 2．現物出資として受け入れた固定資産については，現物出資によって増加した純資産の金額を取得原価とする。 3．償却済の有形固定資産は，除却されるまで残存価額又は備忘価額で記載する。

第26	無形固定資産の評価	無形固定資産については，当該資産の取得原価から減価償却累計額を控除した未償却残高を貸借対照表価額とする。
第27	負債の貸借対照表価額	貸借対照表に記載する負債の価額は，原則として，過去の収入額又は合理的な将来の支出見込額を基礎として計上しなければならない。 1．買掛金，支払手形，その他金銭債務の貸借対照表価額は，契約に基づく将来の支出額とする。 2．前受金等の貸借対照表価額は，過去の収入額を基礎とし，次期以降の期間に配分すべき金額とする。 3．将来の特定の費用等に対応する引当金の貸借対照表価額は，合理的に見積もられた支出見込額とする。 4．退職給付引当金については，将来の退職給付総額のうち，貸借対照表日までに発生していると認められる額を算定し，貸借対照表価額とする。なお，退職給付総額には，退職一時金のほか年金給付が含まれる。

出所：『病院会計準則［改訂版］』厚生労働省医政局，2004 年（一部省略および修正）。

3．病院会計／損益計算書

　病院会計準則第 4 章では，損益計算書に関する規定が示されている。計算書の作成目的は，「病院の運営状況を明らかにするために，一会計期間に属するすべての収益とこれに対応するすべての費用とを記載して当期純利益を表示しなければならない。」というものである（第28）。また，収益および費用の定義，基盤となる原則，表示区分と科目などが規定されている。

3．1　損益計算書の概略
　病院会計準則に示された損益計算書の表示項目は図表 10 － 3 のとおりである。

図表 10 − 3　病院会計準則／損益計算書

Ⅰ　医業収益
    1　入院診療収益
    2　室料差額収益
    3　外来診療収益
    4　保健予防活動収益
    5　受託検査・施設利用収益
    6　その他の医業収益
    7　保険等査定減

Ⅱ　医業費用
    1　材料費
    2　給与費
    3　委託費
    4　設備関係費
    5　研究研修費
    6　経費
    7　控除対象外消費税等負担額
    8　本部費配賦額

    医業利益（又は医業損失）

Ⅲ　医業外収益
    1　受取利息及び配当金
    2　有価証券売却益
    3　運営費補助金収益
    4　施設設備補助金収益
    5　患者外給食収益
    6　その他の医業外収益

Ⅳ　医業外費用
    1　支払利息
    2　有価証券売却損
    3　患者外給食用材料費
    4　診療費減免額
    5　医業外貸倒損失
    6　貸倒引当金医療外繰入額
    7　その他の医業外費用

    経常利益（又は経常損失）

第 10 章 病院会計 101

```
     Ⅴ 臨時収益
         1  固定資産売却益
         2  その他の臨時収益
     Ⅵ 臨時費用
         1  固定資産売却損
         2  固定資産除去損
         3  資産に係る控除対象外消費税等負担額
         4  災害損失
         5  その他の臨時費用
────────────────────────────────────────
         税引前当期純利益 (又は税引前当期純損失)
────────────────────────────────────────
         法人税, 住民税及び事業税負担額
────────────────────────────────────────
         当期純利益 (又は当期純損失)
```

(最下位段および合計段は省略)

3.2　表示区分と科目

　図表 10 - 3 で示した損益計算書における区分は, 準則第 31 で規定される。まず, 医業活動から生ずる「医業費用」および「医業収益」を記載し, 収益から費用を差し引いて「医業利益 (又は医業損失)」を計算する。

　次に医業利益 (又は医業損失) を受けて, 受取利息, 有価証券売却益, 運営費補助金収益, 施設設備補助金収益, 患者外給食収益, 支払利息, 有価証券売却損, 患者外給食用材料費, 診療費減免額など, 医業活動以外の原因から生じる収益および費用であって経常的に発生するものを記載し, これらを加減して「経常利益 (又は経常損失)」を計算する。

　そして経常利益 (又は経常損失) を受けて, 固定資産売却損益, 災害損失等の臨時損益を記載し, さらに当期の負担に属する法人税額等を表示し, これらを加減して「当期純利益 (又は当期純損失)」を計算する。

　「医業収益」は, 入院診療収益, 室料差額収益, 外来診療収益, 保健予防活動収益, 受託検査・施設利用収益およびその他の医業収益等に区分して表示する (第 35)[5]。

　「医業費用」は, 材料費, 給与費, 委託費, 設備関係費, 研究研修費, 経費,

102

控除対象外消費税等負担額に区分して表示する[6]。

3.3 収益・費用の定義と原則

準則では，病院会計における収益につき，「施設としての病院における医業サービスの提供，医業サービスの提供に伴う財貨の引渡し等の病院の業務に関連して資産の増加又は負債の減少をもたらす経済的便益の増加」と規定する (第29)。また費用とは，「施設としての病院における医業サービスの提供，医業サービスの提供に伴う財貨の引渡し等の病院の業務に関連して資産の減少又は負債の増加をもたらす経済的便益の減少」とする (第30)。

次に準則の規定では，「発生主義」，「総額主義」，「費用収益対応」の3原則が示されている。

「発生主義の原則」とは，「すべての費用及び収益は，その支出及び収入に基づいて計上し，その発生した期間に正しく割当てられるように処理しなければならない。ただし，未実現収益は原則として，当期の損益計算に計上してはならない。前払費用及び前受収益は，これを当期の損益計算から除去し，未払費用及び未収収益は，当期の損益計算に計上しなければならない。」というものである (第32)。

また「費用収益対応の原則」とは，「費用及び収益は，その発生源泉に従って明瞭に分類し，各収益項目とそれに関連する費用項目とを損益計算書に対応表示しなければならない。」というものである (第34)。

4．病院会計／キャッシュ・フロー計算書

病院会計準則第5章では，キャッシュ・フロー計算書に関する規定が示されている。計算書の目的は，「病院の資金の状況を明らかにするために，活動内容に従い，一会計期間に属するすべての資金の収入と支出の内容を記載して，その増減の状況を明らかにしなければならない。」というものである (第41)。準則で規定される内容は，資金の範囲，計算書の区分，表示方法などであり，

第 10 章 病院会計 103

以下で各々を説明する。

4.1 キャッシュ・フロー計算書の概略

病院会計準則に示されたキャッシュ・フロー計算書の様式の概略のうち，直接法を図表 10 - 4，間接法を図表 10 - 5 に示す。

図表 10 - 4 病院会計準則／キャッシュ・フロー計算書／直接法

Ⅰ 業務活動によるキャッシュ・フロー
医業収入
医療材料の仕入支出
給与費支出
委託費支出
設備関係費支出
運営費補助金収入
小計
利息及び配当金の受取額
利息の支払額
Ⅱ 投資活動によるキャッシュ・フロー
有価証券の取得による支出
有価証券の売却による収入
有形固定資産の取得による支出
有形固定資産の売却による収入
施設設備補助金の受入れによる収入
貸付けによる支出
貸付金の回収による収入
Ⅲ 財務活動によるキャッシュ・フロー
短期借入れによる収入
短期借入金の返済による支出
長期借入れによる収入
長期借入金の返済による支出
Ⅳ 現金等の増加額（又は減少額）
Ⅴ 現金等の期首残高
Ⅵ 現金等の期末残高

104

> 図表 10 - 5　病院会計準則／キャッシュ・フロー計算書／間接法

Ⅰ　業務活動によるキャッシュ・フロー 　　　　税引前当期純利益 　　　　減価償却費 　　　　退職給付引当金の増加額 　　　　貸倒引当金の増加額 　　　　施設設備補助金収益 　　　　受取利息及び配当金 　　　　支払利息 　　　　有価証券売却益 　　　　固定資産売却益 　　　　医業債権の増加額 　　　　たな卸資産の増加額 　　　　仕入債務の増加額 　　　　　　小計 　　　　利息及び配当金の受取額 　　　　利息の支払額
Ⅱ　投資活動によるキャッシュ・フロー 　　　（直接法と同じ）
Ⅲ　財務活動によるキャッシュ・フロー 　　　（直接法と同じ）
Ⅳ　現金等の増加額（又は減少額）
Ⅴ　現金等の期首残高
Ⅵ　現金等の期末残高

4.2　「資金」の範囲

　キャッシュ・フロー計算書が対象とする資金の範囲は，現金および要求払預金ならびに現金同等物とする（第42）。

　要求払預金には，例えば，当座預金，普通預金，通知預金およびこれらの預金の相当する郵便貯金が含まれる（注解25）。

第 10 章　病院会計　105

　現金同等物とは，容易に換金可能であり，かつ，価値の変動について僅少なリスクしか負わない短期投資であり，例えば，取得日から満期日または償還日までの期間が 3 カ月以内の短期投資である定期預金，譲渡性預金，コマーシャル・ペーパー，売戻し条件付現先，公社債投資信託が含まれる (注解 26)。

4.3　キャッシュ・フロー計算書の区分

　図表 10 - 4 および 5 で示されたとおり，キャッシュ・フロー計算書では，「業務活動によるキャッシュ・フロー」，「投資活動によるキャッシュ・フロー」および「財務活動によるキャッシュ・フロー」の区分が設けられる (第 43)。各区分の内容は，次のとおりである。

　　・「業務活動によるキャッシュ・フロー」の区分には，医業損益計算の対象
　　　となった取引のほか，投資活動および財務活動以外の取引によるキャッ
　　　シュ・フローを記載する。
　　・「投資活動によるキャッシュ・フロー」の区分には，固定資産の取得およ
　　　び売却，施設設備補助金の受入による収入，現金同等物に含まれない短期
　　　投資の取得および売却等によるキャッシュ・フローを記載する。
　　・「財務活動によるキャッシュ・フロー」の区分には，資金の調達および返
　　　済によるキャッシュ・フローを記載する。

4.4　キャッシュ・フロー計算書の表示方法

　「業務活動によるキャッシュ・フロー」は，「直接法」もしくは「間接法」のいずれかの方法により表示される (第 45)。直接法は，主要な取引ごとにキャッシュ・フローを総額表示する方法であり，間接法は，税引前当期純利益に，①非資金損益項目，②営業活動に係る資産および負債の増減，を加減して「業務活動によるキャッシュ・フロー」を計算・表示する方法である (第 45)。

5. 病院会計／附属明細表

病院会計準則第6章では，附属明細表に関する規定が示されている。当該財務書類の作成目的は，「貸借対照表，損益計算書及びキャッシュ・フロー計算書の記載を補足する重要な事項について，その内容，増減状況等を明らかにするもの」とされる（第6章・第49）。図表10－6は，規定される各明細表の記載上の注意をまとめたものである。

図表10－6　病院会計準則／附属明細表の規定

項番	項目名	規　　定（抜粋）
1	純資産明細表	純資産の当期における増加額，減少額及び期末残高について記載する。なお，当期における増加額及び減少額は，当期純利益及び当期純損失を区分して記載する。また，当期純利益又は当期純損失以外の増加額及び減少額は，その内容を注記する。
2	固定資産明細表	固定資産明細表には，有形固定資産，無形固定資産及びその他の資産（長期貸付金を除く）について資産の種類ごとに当期における増加額，減少額，期末残高，減価償却額及び減価償却累計額の明細を記載する。
3	貸付金明細表	長期貸付金及び短期貸付金に区分し，長期貸付金は貸付先（役員従業員，他会計を含む）ごとに当期における増加額，減少額及び期末残高の明細を，短期貸付金は貸付先ごとに当期における期末残高の明細を記載する。
4	借入金明細表	借入金明細表には，長期借入金と短期借入金に区分し，長期借入金は借入先（役員従業員，他会計を含む）ごとに当期における増加額，減少額及び期末残高の明細を，短期借入金は借入先（役員従業員，他会計を含む）ごとに当期における期末残高の明細を記載する。
5	引当金明細表	引当金明細表には，引当金の種類ごとに，当期における増加額，減少額及び期末残高の明細を記載する。目的使用以外の要因による減少額については，その内容及び金額を注記する。

第 10 章　病院会計　107

6	補助金明細表	補助金明細表には，交付の目的が施設設備の取得の補助に係るものと運営費の補助に係るものとに区分し，交付の種類及び交付元ごとに，当期における収入総額，収益計上額，負債計上額等の明細を記載する。なお，非償却資産の取得のために交付を受けた補助金はその内容及び金額を注記する。
7	資産につき設定している担保権明細表	資産につき設定している担保権の明細表には，担保に供している資産の種類ごとに当期末における帳簿価額，担保権の種類，担保権によって担保されている債務の内容及び残高の明細を記載する。
8	給与費明細表	給与費明細表には，職種ごとに当期における給与手当，賞与，退職給付費用等の明細を記載する。
9	本部費明細表	本部費明細表には，設定された配賦基準を適用する項目ごとに当期における本部費及び当病院への配賦額を記載する。

出所：『病院会計準則［改訂版］』厚生労働省医政局，2004 年。

【注】

1）平成 14 年度厚生労働科学特別研究事業「病院会計準則及び医療法人会計基準の必要性に関する研究」では，「医療法人の事業内容は時代の要請によって多様化しており，施設に着目した病院会計準則（中略）のみでは，医療法人全体の経営内容を適切に表示することができなくなっている。（中略）このため，医療法人の財政状態及び運営状況を適正に把握するためには医療法人全体の経営実態を明らかにする会計基準として病院会計準則とは別に医療法人会計基準が必要となる。」と指摘している。そしてこうした問題意識が，平成 26 年の医療法人会計基準設定につながったと考えることができる。

2）五十嵐邦彦・太田英子『医療従事者のための病院会計入門』経営書院，2006 年，76-77 頁。

3）たな卸資産は，物量単位（個・本・グラム等）で受払残の管理を行うため，すべての物品を厳密に棚卸して資産計上することは実務的でないと考えられる（同上書，77 頁）。

4）同上書，62-63 頁。

5）医業収益は，実現主義の原則に従い，医業サービスの提供によって実現したものに限る（第 35）。

6）なお，病院の開設主体が本部会計を独立会計単位として設置している場合，本部費として各施設に配賦する内容は医業費用として計上されるものに限定され，項目ごとに適切な配賦基準を用いて配賦しなければならない（第 35）。

第11章
学校法人会計

　本章は，「学校法人会計基準」に基づいて，まず会計基準の目的と平成25年度改正の概要を明らかにし（第1節），次いで資金収支計算書（第2節），事業活動収支計算書（第3節），貸借対照表（第4節）の表示基準について概観する。その上で，貸借対照表と事業活動収支計算書の連携構造およびその意義について説明する（第5節）。

1．新学校法人会計基準の目的と改正の概要

　「学校法人会計基準」は，昭和46年に文部省（現文部科学省）により制定され，私立学校の財政基盤の安定に資するものでありかつ政府による補助金配分の基礎となるものとして，これまで実務において定着してきた。

　そして近年における，社会・経済状況の変化，企業のグローバル化を踏まえた会計基準の改正，および私学を取り巻く経営環境の変化等を受け，学校法人の経営状態につき，社会に詳しく説明する仕組み作りが求められる状況となった。こうして，会計基準の一部を改正する省令（平成25年4月22日文部科学省令第15号）が新たに公布され，平成27年度以後の会計年度に係る会計処理および計算書類（資金収支計算書・事業活動収支計算書・貸借対照表）の作成から適用されることになった。

　基準改正の重要ポイントとして，まず資金収支計算書では，活動区分ごとの資金の流れがわかる「活動区分資金収支計算書」を作成することが規定されている（第14条の2）。また事業活動収支計算書では，経常的および臨時的収支に

区分して各収支状況を把握すること，および基本金組入れ前の収支状況を表示することが挙げられる（第16条の3，詳しくは第3節で説明）。そして貸借対照表については，「基本金の部」と「消費収支差額の部」を合わせて「純資産の部」とすること（第32条関係），固定資産の中科目として新たに「特定資産」を設けることが挙げられる（詳しくは第4節で説明）。

　以下では，資金収支計算書（活動区分資金収支計算書を含む），事業活動収支計算書，および貸借対照表について，表示基準の概要を説明していく。

2．学校法人会計／資金収支計算書

　学校法人会計基準では，資金収支計算の目的として，当該会計年度の諸活動に対応するすべての収入および支出の内容，ならびに当該会計年度における支払資金（現金およびいつでも引き出すことができる預貯金）の収入および支出のてん末を明らかにするため，資金収支計算を行うものとする（第6条）。

　資金収入の計算は，当該年度における支払資金の収入，ならびに当該年度の諸活動に対応する収入で前年度以前において支払資金の収入となったもの（前期末前受金），および当該年度の諸活動に対応する収入で翌年度以後の会計年度において支払資金の収入となるべきもの（期末未収入金）について行うものとする（第7条）。

　また資金支出の計算は，当該年度における支払資金の支出，ならびに当該年度の諸活動に対応する支出で前年度以前の会計年度において支払資金の支出となったもの（前期末前払金），および当該年度の諸活動に対応する支出で翌会計年度以後の会計年度において支払資金の支出となるべきもの（期末未払金）について行うものとする（第7条）。

　そして資金収支計算書には，収入の部および支出の部を設け，収入・支出の科目ごとに，当該年度の決算額を予算額と対比して記載するものとする（第9条）。資金収支計算書の表示項目は，図表11－1のとおりである。

第 11 章　学校法人会計　111

図表 11 － 1　学校法人会計／資金収支計算書の表示様式・項目

【収入の部】	予　算	決　算	差　異
学生生徒等納付金収入			
手数料収入			
寄付金収入			
補助金収入			
資産売却収入			
付随事業・収益事業収入			
受取利息・配当金収入			
雑収入			
借入金等収入			
その他の収入			
第 2 号基本金引当特定資産取崩収入			
第 3 号基本金引当特定資産取崩収入			
資金収入調整勘定	△	△	
期末未収入金	△	△	
前期末前受金	△	△	
前年度繰越支払資金			
収入の部合計			
【支出の部】	予　算	決　算	差　異
人件費支出			
教育研究経費支出			
管理経費支出			
借入金等利息支出			
借入金等返済支出			
施設関係支出			
設備関係支出			
資産運用支出			
第 2 号基本金引当特定資産繰入支出			
第 3 号基本金引当特定資産繰入支出			
その他の支出			
資金支出調整勘定	△	△	
期末未払金	△	△	
前期末前払金	△	△	
翌年度繰越支払資金			
支出の部合計			

112

　さらに学校法人会計では，資金収支計算書に記載される資金収入および資金
支出の決算の額を，①教育活動，②施設もしくは設備の取得または売却その他
これらに類する活動，③資金調達その他前二号に掲げる活動以外の活動ごとに
区分して記載する「活動区分資金収支計算書」が規定される（第14条の2）。活
動区分資金収支計算書の様式（概略）は，図表11－2のとおりである。

図表11－2　学校法人会計／活動区分資金収支計算書の表示様式（概略）

【教育活動による資金収支】
　収入
　　学生生徒等納付金収入
　　手数料収入
　　・・・・・・
　支出
　　人件費支出
　　教育研究経費支出
　　・・・・・・
【施設整備等活動による資金収支】
　収入
　　施設設備寄付金収入
　　施設整備補助金収入
　　第2号基本金引当特定資産取崩収入
　　・・・・・・
　支出
　　施設関係支出
　　設備関係支出
　　第2号基本金引当特定資産繰入支出
　　・・・・・・
【その他の活動による資金収支】
　収入
　　借入金等収入
　　有価証券売却収入
　　第3号基本金引当特定資産取崩収入
　　・・・・・・

第 11 章　学校法人会計　113

```
支出
    借入金等返済支出
    有価証券購入支出
    第３号基本金引当特定資産繰入支出
        ・・・・・・
支払資金の増減額
```

3．学校法人会計／事業活動収支計算書

　事業活動収支計算書につき，学校法人会計基準第 15 条では，当該年度の諸活動に対応するすべての事業活動収入および事業活動支出の均衡の状態を明らかにするために事業活動収支計算を行う旨が示されている。そのため「教育活動」，「教育活動以外の経常的な活動」，および「それ以外の臨時的な活動」における，事業活動収入・支出の内容を明らかにすることが規定されている。

　また学校法人会計基準第 16 条では，事業活動収入は，当該会計年度の学校法人の負債とならない収入を計算し，事業活動支出は，当該会計年度において消費する資産の取得原価および当該会計年度における用役の対価に基づいて計算することが規定される。さらに，事業活動収支計算は，事業活動収入と事業活動支出を対照して行うとともに，当該収入から支出の額を控除し，その残高である「基本金組入前当年度収支差額」から「基本金組入額」を控除して行うことが規定されている。これにより，基本金組入前の収支状況を把握することができる。

　以上で説明された，事業活動収支計算書の表示基準は図表 11 − 3 に示されるとおりである。改正基準（平成 25 年文部科学省令）の主旨のとおり，まず経常的区分（教育活動収支・教育活動外収支）および臨時的区分（特別収支）が表示される。そして，基本金に組み入れられる前の収支額と基本金に組み入れる金額が表示される。

114

図表 11 − 3　学校法人会計／事業活動収支計算書の表示様式

【教育活動収支】
事業活動収入の部
学生生徒等納付金
手数料
寄付金
経常費等補助金
付随事業収入
雑収入
事業活動支出の部
人件費
教育研究経費
管理経費
徴収不能額等
【教育活動外収支】
事業活動収入の部
受取利息・配当金
その他の教育活動外収入
事業活動支出の部
借入金等利息
その他の教育活動外支出
経常収支差額
【特別収支】
事業活動収入の部
資産売却差額
その他の特別収入
施設設備寄付金
現物寄附
施設設備補助金
過年度修正額

第11章　学校法人会計　115

事業活動支出の部
資産処分差額
その他の特別支出
災害損失
過年度修正額
特別収支差額
基本金組入前当年度収支差額
基本金組入額合計
当年度収支差額
前年度繰越収支差額
基本金取崩額
翌年度繰越収支差額

4．学校法人会計／貸借対照表

　学校法人会計／貸借対照表の表示基準の特質として，資産の部が固定配列（固定資産を流動資産より先に表示）であること，固定資産の部に「基本金引当特定資産」が表示されること，純資産の部において「基本金」（第1号から第4号）および「翌年度繰越収支差額」が表示されることが挙げられる。

　学校法人会計における「基本金」とは，教育研究活動に必要な資産のうち，継続的・計画的に維持すべき資産の額を，当年度収支差額から組み入れた金額である。学校法人に対する社会的要請として，長期的に教育研究活動を行うための校地・校舎等の健全維持が挙げられ，当該財源の累計価額として表示される基本金が，最重要の表示要素となる。4つに分類される「基本金」の内容は，図表11－4で示されたとおりである。

	図表 11 − 4　基本金の内容
第 1 号	校地，校舎，機器備品，図書などの固定資産の取得価額。
第 2 号	将来固定資産を取得する目的で積み立てた預金などの価額。
第 3 号	奨学基金，研究基金などの資産の額。
第 4 号	運転資金の額（文部科学大臣の定める額）。

　そして，組織の持分である基本金につき使途が特定されている場合，「第 2 号基本金引当特定資産」および「第 3 号基本金引当特定資産」が，固定資産の項目として表示される。それぞれの規定内容は，次のとおりである。

・将来に固定資産を取得するため積み立てた預金などの資産の額である第 2 号基本金につき，対応する特定資産を「第 2 号基本金引当特定資産」と表示する。

・奨学金や研究のための基金として継続的に保持・運用する資産の額である第 3 号基本金につき，対応する運用収入を「第 3 号基本金引当特定資産運用収入」とする。

・学校法人の円滑な運営に必要な運転資金として，恒常的に保持すべき資金の額である第 4 号基本金につき，対応する資金を年度末時点で保有していない場合には，その旨と対応策を注記する。

　つまり，価額が維持されるべき純資産として設定された「基本金」につき，これに対応して実質的に価額維持される資産科目が，「基本金引当特定資産」として固定資産の部に設定される。

　以上の事項を包摂した，学校法人会計基準における貸借対照表の表示項目は，図表 11 − 5 に示されるとおりである。

第 11 章　学校法人会計　117

図表 11 － 5　学校法人会計／貸借対照表の表示項目

【資産の部】	【負債の部】
固定資産	固定負債
有形固定資産	長期借入金
土　　地	学校債
建　　物	長期未払金
構築物	退職給付引当金
教育研究用機器備品	
管理用機器備品	流動負債
図　　書	短期借入金
車　　両	1 年以内償還予定学校債
建設仮勘定	手形債務
特定資産	未払金
第 2 号基本金引当特定資産	前受金
第 3 号基本金引当特定資産	預り金
その他の固定資産	
借地権	【純資産の部】
施設利用権	基本金
ソフトウェア	第 1 号基本金
有価証券	第 2 号基本金
長期貸付金	第 3 号基本金
	第 4 号基本金
流動資産	繰越収支差額
現金預金	翌年度繰越収支差額
未収入金	
貯蔵品	
短期貸付金	
有価証券	

「純資産の部」においては,事業活動収支計算書における「基本金組入額」が「基本金」(第1号～第4号)に組み入れられる。また,事業活動収支計算書における「当年度収支差額」が「繰越収支差額」に組み入れられる。

5．学校法人会計における財務諸表の連携構造とその意義

上述のとおり,学校法人会計／事業活動収支計算書においては,「基本金組入前当年度収支差額」(教育活動収支差額＋教育活動外収支差額＋特別収支差額)から「基本金組入額」を差し引いて「当年度収支差額」を計算し,これに「前年度繰越収支差額」を加えて「翌年度繰越収支差額」が算出される。

そして,「基本金組入額」,およびボトムラインで示される「翌年度繰越収支差額」が,貸借対照表／純資産の部と連携する。連携の状態を示したのが,図表11－6である。

図表11－6　学校法人会計における事業活動収支計算書と貸借対照表の連携

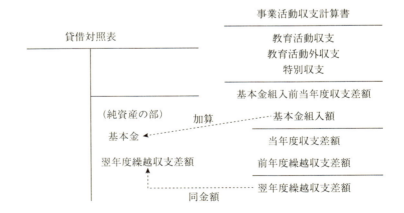

第 11 章　学校法人会計　119

　そして，以上のような連携構造となる，基本金組入の計算は次のとおりであ
り，これは，決算処理における貸借対照表／純資産の部への基本金の振替であ
る。

（借）　基本金組入額　　1,000	（貸）　基　　本　　金　　1,000
（事業活動収支計算書）	（貸借対照表／純資産の部）

　こうした連携構造につき，平成25年度改正以前の学校法人会計（以下，旧会
計基準）では，当期の収入（自己資金となる）である「帰属収入」から「基本金組
入額」を差し引いて「消費収入」を算出し，これから「消費支出」を差し引い
て，ボトムラインである「消費収入（支出）超過額」を計算・表示していた。
すなわち，基本金組入額を，当期の収入に対応する支出とみなし，これを差し
引いて当年度収支差額を算出する方法がとられていた。
　これに対し新会計基準では，基本金組入額を当期の収入と対応させて差し引
かないことから，新旧2つの会計基準においては「当年度収支差額」の含意が
異なってくる。すなわち旧会計基準では，帰属収入から基本金を先に控除する
ことによって，収支差額を少なく（場合によっては赤字に）することができ，補
助金等を受けやすい状況を作ることが可能であった。これに対し新会計基準で
は，基本金組入前の収支差額が表示されるため，収支差額を少なく計算する処
置の抑止が図られている。

第2部

地方政府の会計

第12章
わが国地方政府の会計

　本章以降の第2部では，非営利組織の一形態である政府機関の会計について，制度規定の概要，財務書類の概要，表示項目，財務書類の機能等について説明する。

　本章は，地方政府（都道府県・市町村等）の会計について，会計の意義（第1節），企業会計と比較した機能の相違点（第2節），地方公会計制度の形成経緯（第3節），財務書類の体系（第4節），および政府会計の情報利用者（第5節）について説明する[1]。

1．地方政府における会計の意義

　地方政府における行政活動の本義は，法効力によって徴収される税金を財源として行政サービスを提供し，住民の福祉向上を図ることにある。サービス提供は予算の範囲内で実施するのが基本であり，これを超えて支出を続けると財政赤字が顕在化する。こうした前提から，地方政府に要請されるのは，支出が収入の範囲で賄われているかを内部者および外部者が査定できる情報の提供である。

　地方自治法に基づく「歳入歳出計算」では，こうした要請に応え，年度決算における収支差額が計算・開示される。しかしながら，現金収支計算を第一義とする当該会計では，活動の状況を正確に表示できない部分が存在する。例えば職員に対する退職給付は，当該年度の勤務に対する慰労の価額として期間配分すべきであり，これを引当金として費用繰入および負債化した方が良い。ま

た固定資産については，将来にわたり住民に便益をもたらすものであるため，これと期間的に対応する減耗価額については原価配分（すなわち減価償却）することで，行政活動の状況を適正に示すのが妥当といえる。

2．企業会計と政府会計の機能の相違点

　以上のように，政府は主に税収によって活動のための財源を獲得し，当該資金に基づいて住民にサービスを提供する。したがって，サービス提供という「努力」により資金獲得という「成果」がもたらされるわけではない。これが企業との相違点であり，企業は，財・サービス提供という「努力」に対する「成果」として資金を顧客から獲得する。

　図表12－1のとおり，企業の場合，「努力」をして自社のために支出を行い，その「成果」として収益が獲得される。そして投資者は，支出に見合う収益が企業にもたらされたかを純利益によって判断し，意思決定に利用する。

　これに対し政府の場合には，同図表のとおり，法効力により徴収され初めから存在する収入に基づいて予算を編成し，住民のために支出を行う。情報利用者は，当該年度の収入に見合う支出が行われて予算遵守が全うされているかを会計情報によって判断する。また，収入超過であれば将来の住民に繰り延べられ，支出超過であれば現在の住民の利得が大きくなることから，期間の衡平性を査定する情報ともなり得る[2]。

図表12－1　企業会計と政府会計の機能比較

	初期行動 ▶	行動の目的 ▶	結果評価の指標 ▶	指標の機能
企業会計	自社のため支出	収益を獲得 （利益を最大化）	純利益 （収益－費用）	投資者の 「投資意思決定」
政府会計	法効力で収入獲得	住民の福祉増進 のため支出	差額 （収入－支出）	住民が「予算遵守」 と「期間衡平性」を査定

ただし，納税は法律で強制される非自発的行為であり，政府は「努力」に対する直接の「成果」として収入を得るものではないため，収入余剰であっても政府の努力が結実したかは判断できない[3]。

3．地方公会計制度の形成経緯

かつてわが国では，バブル崩壊による景気低迷のなか，財政赤字が膨らんだ地方政府において，企業会計手法を導入してストック情報を管理・把握しようという気運が高まっていた。こうした状況から，平成12年に，自治省（当時）の「地方公共団体の総合的な財務分析に関する調査研究会」において貸借対照表の規範的な作成手法が公表され，翌13年には，総務省から行政コスト計算書の作成マニュアルが公開された。

こうして，調査研究会の規定に基づく公会計財務書類が自治体で普及していくなか，平成17年12月に小泉内閣閣議決定で政府の資産・債務改革が要請され，平成18年6月に「行政改革推進法」の施行によって「企業会計の慣行を参考とした貸借対照表その他の財務書類の整備に関し必要な情報の提供」を行う旨が規定された（平成18年法律第47号）。当該状況下で総務省は，平成18年5月に，計算書作成の規定を記した「新地方公会計制度研究会報告書」を公表した。

さらに，当該報告書が公表された直後の7月には，同内閣閣議決定で「経済財政運営と構造改革に関する基本方針」が打ち出され，国の財務書類に準拠した公会計モデルの導入に向けて計画的に整備を進めるよう監督官庁に要請された。これを受け同年8月に，総務事務次官通知で「地方公共団体における行政改革の更なる推進のための指針」が出され，報告書の新地方公会計モデルを活用した，財務書類の整備や資産・負債改革に関する具体的な施策策定が各自治体に要請された。

そして総務省は，平成18年7月に「新地方公会計制度実務研究会」を発足させ，制度研究会報告書（平成18年）で示されたモデルの実証的検証および資

産評価方法等の諸課題を検討したうえで，平成19年10月に財務書類作成や資産評価に関する実務的な指針を「新地方公会計制度実務研究会報告書」として新たに公表した。

さらに，平成26年4月には，総務省「新地方公会計制度研究会報告書」および「新地方公会計制度実務研究会報告書」において再調整が必要なものが整理されて，新たに「今後の新地方公会計の推進に関する研究会報告書」が公表された。またこれを受け，平成27年1月には，「統一的な基準による地方公会計マニュアル」が総務省より公表されている。当該マニュアルは，統一的基準（平成26年・研究会報告書において規定）に基づく財務書類を作成するための実務要領である。とくにここでは，複式簿記に基づく財務書類の作成方法について詳しく説明されている。

4. 財務書類の体系

総務省・今後の新地方公会計の推進に関する研究会報告書で規定される財務書類には，貸借対照表，行政コスト計算書，純資産変動計算書，資金収支計算書の4表がある。それぞれの機能は図表12－2のとおりである。

また，「財務書類・4表」には計算構造上の相互関係があり（図表12－3），以下のように整理される。

① 貸借対照表／資産のうち「現金預金」の金額は，資金収支計算書の期末残高と対応する。

② 貸借対照表／「純資産」の金額は，資産と負債の差額として計算されるが，これは純資産変動計算書の期末残高と対応する。

③ 行政コスト計算書の「純行政コスト」の金額は，費用と収益の差額であるが，これは，純資産変動計算書の「純行政コスト」に対応する。

図表12-2　地方自治体財務書類の機能

財務書類	機　　能
貸借対照表	・ストック情報として，資産・負債・純資産の価額を表示する。 ・将来世代の債務となる負債の，総資産に対する割合が把握できる。 ・支払手段となる流動資産の価額・割合が把握できる。
行政コスト計算書	・経常費用（人件費・物件費・移転費用など）を表示する。 ・活動のコスト（行政サービスの提供状況）が把握できる。
純資産変動計算書	・純資産の変動要因である財源の調達と使途の価額を表示する。 ・純資産の変動要因である資産形成に関する価額（固定資産・貸付金・基金の変動）が把握できる。
資金収支計算書	・業務活動収支（サービス提供活動に伴う現金収支），投資活動収支（固定資産等に関する現金収支），財務活動収支（公債に関する現金収支）が把握できる。 ・現金の出入りの状態，活動に伴う資金利用状況，資金獲得能力が把握できる。

図表12-3　「財務書類・4表」の相互関係

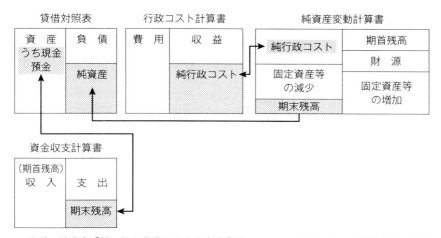

出所：総務省「統一的な基準による地方公会計マニュアル」2015年，5頁をもとに作成。

5. 政府会計の情報利用者

5.1 総務省報告書で規定される情報利用者

　総務省「今後の新地方公会計の推進に関する研究会報告書」の規定では，財務書類の利用者として，①住民，②地方債等への投資者，③その他外部の利害関係者（取引先，国，格付け機関等），④地方公共団体の内部者（首長，議会，補助機関等）等が挙げられている（第27段）。

　住民は，将来と現在の世代間の負担の分担は適正か，選挙でどの候補者に投票するかといった意思決定を行うための情報に関心を持ち，投資者は，地方債等へ投資すべきか否かという意思決定を行うための情報に関心を持つ（第28段）。

　また，地方自治体の内部者（首長，議会，補助機関等）は，予算編成上の意思決定に必要な情報に関心を持つと考えられる（第28段）。企業会計の一般目的外部報告の場合，内部者（経営者）は情報利用者から除外されるが，政府会計の場合，①予算が価格メカニズムに代わる財・サービスの供給量の調節手段であること，および②予算編成によって政府の受託責任が設定されるという統治構造上の違いにより，予算情報も財務報告の対象範囲に含まれる。したがって，予算編成に関わる地方自治体の内部者（首長，議会，執行機関等）も情報利用者に含まれる（制度研究会・第21段・注5）。

5.2 アメリカ政府会計概念書で規定される情報利用者

　アメリカにおける州・地方政府に適用される会計基準の設定機関である「政府会計基準審議会」（Governmental Accounting Standards Board : GASB）の概念書第2号（*Service Efforts and Accomplishments Reporting*, Concepts Statement No.2 of the Governmental Accounting Standards Board, 1994）では，政府会計の情報利用者について「業績を査定し判断をくだしたうえで何らかの措置をとる権力または権限を持っている第三者」（par.19）とし，市民を第一義としつつすべての情報利用

第12章　わが国地方政府の会計　129

> 図表 12 － 4　GASB が提唱する情報利用者と意思決定事項

市　民（一　般）	・議員選出や投票 ・議員や政府職員の説明責任と業績の査定 ・政府機関が課す税金やその他料金水準の評価と，必要ならどのように行動を起こすかの決定
市民（需用者として）	・提供サービスを利用するか，いつ利用するか ・提供サービスの量と質の評価 ・どのサービスの変更を要求するか
投 資 者・ 与 信 者	・政府機関に融資するか ・政府機関に財またはサービスを提供するか ・提供資金・財・サービスの対価の設定
議　　　　　員	・政府提供サービスの選択 ・資源配分 ・税率や利用料金の設定 ・サービスの優先順位の決定 ・公衆のニーズがサービスによってどの程度満たされているか ・起債を含めた資金調達方法の選択 ・サービスの業績を改善または修正する方法の決定

出所：GASB 概念書第 2 号，par.14 をまとめて作成。

者とその意思決定事項対象を示している（図表 12 － 4）。

　最も重要な利用者である市民は，投票や業績査定に情報を用いるほか，サービス利用およびその評価においても，会計情報を利用する。

【注】

1 ）政府会計にはこのほか，省庁会計，公営企業会計（水道事業・鉄道事業など）がある。

2 ）支出超過が累積されれば，将来の住民がこれを負担することになるため，当該累積情報（ストック情報）が示されて期間の衡平性が査定される。

3 ）公会計情報の当該制約にもかかわらず，政府が住民のために行政サービスの「努力」を実施するのは事実であり，当該「努力」の「成果」を何らかの方法で測定・表示して説明責任を全うする必要がある。また住民にとっても，提供サービスの評価を客観的に行うの

みならず，自分の好みに合う地域的公共財を提供する地方政府を選択するための意思決定情報が必要となる。したがって住民を第一義とする情報利用者が当該判断を行うために，支出の「成果」である便益の貨幣的測定値を財務書類で表示することにも意義があると考えられる。

第13章
政府会計の「基本目的」

　本章は，政府会計の社会的意義を理解するために，アメリカ政府会計概念フレームワークに示される会計の「基本目的」(Objectives) について説明する[1]。アメリカでは，アメリカ政府会計基準審議会 (Governmental Accounting Standards Board, 以下GASB)，および連邦会計基準諮問審議会 (Federal Accounting Standards Advisory Board, 以下FASAB) という2つの政府会計基準設定機関があり，各々が公表する政府会計概念書において「基本目的」が規定されて，これが制度構築の理論基礎となっている。

　そこで，政府会計の「基本目的」がいかなるものであり，当該概念がどのように財務書類の表示項目設定に結び付いたかを，アメリカ地方政府会計（第1節），アメリカ連邦政府会計（第2節），およびわが国（第3節）のそれぞれに分けて説明する。

1. GASB が規定する政府会計の「基本目的」

　アメリカの地方政府に適用される会計基準の設定機関であるGASBの概念書第1号 (*Objectives of Financial Reporting,* Concepts Statement No.1 of the Governmental Accounting Standards Board, 1987) では，政府会計の「基本目的」として，「説明責任」(accountability) が政府におけるすべての財務報告の基礎であるとし (par.56)，また「期間衡平性」(interperiod equity) が，「説明責任」の重要な一部を構成すると同時に行政運営の基礎をなすと規定している (par.61)。

　政府会計制度の構成要素として，概念フレームワークや会計基準などが挙げ

132

られ，これに基づいて行政機関が発動する行為が財務報告である。そして，「説明責任」が財務報告の基礎であることから，会計制度の鍵概念が「説明責任」であるという論理が成立する。

さらに規定においては，説明責任の重要な一部を構成すると同時に行政運営の基礎をなす概念が「期間衡平性」とされる。したがって「期間衡平性」概念は，「説明責任」の履行を具体化するための重要要素となる。

アメリカでは，19世紀から20世紀初頭にかけて歳出超過と地方債発行の濫用が生じ，この経験から予算制度，会計・財務報告制度，起債制限制度が形成された（par.81）。こうした背景により，基礎的財務情報に基づいて「説明責任」を明らかにする均衡予算システムの要請が生じている（par.81）。

したがって，アメリカの地方政府関連法規は均衡予算の達成を要請し，財政危機を回避して「自らの財力の範囲内でやっていく」ことが可能な歳入歳出運営を要求する（par.59）。こうした均衡予算法制の趣旨は，「当該年度のサービスに関わる支出負担を，将来年度の納税者に転嫁するようなことがあってはならない」（par.60）という規定により具現化されている。

このように，政府会計における「期間衡平性」の要請は，財務報告の予算策定機能を意義付けるものとなる[2]。実務的には，決算において現金収支差額や費消コストおよび当該財源を財務書類に示すことで，財源の範囲内で行政執行されているかが明らかとなる。また，支出超過となれば債務が増加するため，ストック情報によって累積債務が明示されれば，将来年度の納税者に転嫁される価額を把握することができる。

2．FASABが規定する政府会計の「基本目的」

2.1　FASABが規定する4つの「基本目的」

アメリカ連邦政府に適用される会計基準の設定機関であるFASABの概念書第1号（*Objectives of Federal Financial Reporting*, Statement of Federal Financing Accounting Concepts No.1, 1993）では，連邦財務報告の基本目的として「予算遵

守」,「活動業績」,「受託責任」,「システムとコントロール」の4つが挙げられている。これらは,連邦報告の内部と外部の利用者に対する「説明責任」を明らかにし,有用な情報を提供すべく,その指針となるよう設定されたものである（par.3)。4つの基本目的の内容は図表13－1のとおりである。

図表13－1　FASAB概念書第1号が規定する4つの「基本目的」

予算遵守	財務報告は,歳入と歳出に関する公的説明責任の履行義務を政府が全うするのに,役立つものでなくてはならない。
活動業績	財務報告は,サービスコストとサービスの成果,資金調達方式,資産・負債の管理を,利用者が評価するのに役立つものでなければならない。
受託責任	財務報告は,当該期間の政府活動・投資の国家に対する影響,その結果としての財政状態の変化および将来生じる変化を,利用者が評価するのに役立つものでなくてはならない。
システムとコントロール	財務報告は,財務管理システムと内部管理に対するコントロールが,取引の適切な実施を確保し,資産を保全し,業績測定を支援するのに適切であったかを利用者が評価するのに役立たなくてはならない。

　そしてFASABは,「説明責任」と「意思決定有用性」とが主に政府財務報告の価値を構成し,4つの基本目的の基礎になると考える（par.71)。つまり,民主的な政府は,予算遵守,業績,受託責任に関して責任を持つべきであり,これらを査定できる情報が「説明責任」が全うする情報であると考える（par.71)。このことからFASABは,GASBと同様に「説明責任」を最高概念に位置付けるものと判断できる。

2.2　「基本目的」をみたす財務書類

　以上の「基本目的」の概念規定に基づき,FASAB概念書第2号（*Entity and Display*, Statement of Federal Financing Accounting Concepts No.2, 1995)では,4つの「基本目的」をみたす財務書類を以下のように規定する。

1 「予算遵守」査定のための「予算資源報告書」

　財務報告が「予算遵守」の基本目的をみたすには，消費金額が予算権限を超えないこと，支出が予算配分や法律で意図された目的に適合していること，会計に関する他の法的要件を満たすこと，金額が適正に分類され正確に報告されることが求められる（par.63）。当該要請は，「予算資源報告書」（statement of budgetary resources）を作成し，当該報告書を監査することによって達成される（par.64）。予算資源報告書にふさわしい要素には，利用可能な予算資源（議会承認済予算額・期首未決済残高），予算資源の状況（債務発生総額・期末未決済残高），支出（債務発生正味金額・債務残高移転金額・期首債務残高）などがある（par.104）。

2 「活動業績」把握のための「プログラム業績測定値報告書」・「純コスト計算書」・「ネット・ポジション変動計算書」・「歳入保管活動報告書」

　財務報告により「活動業績」を利用者が査定するには，重要プログラムのサービス提供努力や成果を示す「プログラム業績測定値報告書」（statement of program performance measures）が必要となる（par.65）。当該報告書において望ましい測定値として，アウトプットおよびアウトカムの測定値があり[3]，測定値の時系列比較も重要となる（par.104）。また，プログラム活動における提供サービスの金額については「純コスト計算書」（statement of net costs）で示される（par.59）。この計算書では，重要プログラムごとにサービス総コストから稼得歳入を差し引いた純コストが示され，提供されたサービス活動がどの程度納税者によって賄われたかが明らかとなる。

　他方，政府の歳入活動に目を向けると，予算配分額・罰金・寄付金・他機関からの流入金などが歳入に含まれる。そこで，これらがどこで調達され財政状態への影響はどうかというような，資金調達活動の業績を表す「ネット・ポジション変動計算書」（statement of changes in net position）も，活動業績を把握するために必要となる（par.60）。当該計算書にふさわしい要素には，資金調達の源泉（支出予算配分額・税金・寄付・移転収入／支出・外部負担財源）などが含まれる

（par.100）。

　また内国歳入庁や税関は，徴収した予算配分額・罰金・寄付金・税金等を各省庁に配分する責任を負う。こうした，誰から資金を回収しそれを誰に配分するかという資金保管活動の結果は，「歳入保管活動報告書」(statement of custodial activities) によって報告される（par.61）。当該報告書に含まれる金額として，徴収額（各種税金・罰金・還付金等），他機関への移転金額などがある。

3　「受託責任」の達成度を査定する「補足情報」

　連邦財務報告の第3の基本目的は，「政府の活動および投資が，国家に対して時系列的にどのような影響を及ぼしてきたか，またその結果，政府と国民の財政状況がどのように変化してきたか，そしてそれは将来どのように変化するか」(par.6) という「受託責任」を査定するのに役立つことである。この基本目的は，教育・訓練・研究開発への投資，工場・設備への投資に関する情報の表示を要する（par.70）。そして「受託責任」達成の基本目的は，これらの情報を財務諸表に含めるのではなく，「（必要な）補足情報」(appropriate information as required supplemental information) を表示することで達成される（par.71）。

4　「システムとコントロール」の状況を査定する情報

　連邦財務報告の第4の基本目的は，財務管理を含む内部管理に対するコントロールが，取引の適切な実施の確保，資産保全，業績測定を支援するのにふさわしいものかを，利用者が評価するのに役立つものとなることである。当該基本目的は，貸借対照表・純コスト計算書などの財務諸表や，これに添付された「管理者の説明」(management assertion)[4]，もしくは財務諸表に対してなされた監査人の証明によって満たすことができる（par.73）。

3．わが国総務省が規定する政府会計の「基本目的」

　既述のとおり総務省では，「新地方公会計制度研究会報告書」および「新地

方公会計制度実務研究会報告書」の両研究会報告書を踏まえ，平成26年4月に「今後の新地方公会計の推進に関する研究会報告書」が公表されている。

報告書では，会計の「基本目的」に関連して，「地方公共団体において財務書類を作成する目的は，経済的または政治的意思決定を行う上記の情報利用者に対し，意思決定に有用な情報をわかりやすく開示することによる説明責任の履行と，資産・債務管理や予算編成，行政評価等に有効に活用することで，マネジメントを強化し，財政の効率化・適正化を図ることにある。」と規定される（第29段）。そして会計の「基本目的」は，「自治体の財政状態，発生主義に基づく費用・収益，純資産の変動，資金収支の状態に関する情報提供」であることが示されている（第29段）。

【注】

1）わが国では，中央政府・地方自治体・公益法人・非営利法人の会計に対して包括的に「公会計」と呼ぶのが通常である。例えば，財務大臣の諮問機関である財政制度等審議会が平成15年にまとめた報告書の名称は「公会計に関する基本的な考え方」であり，日本公認会計士協会でも，当該会計を検討する委員会を「公会計委員会」と称している。

2）藤井秀樹「アメリカ公会計の基礎概念」『産業経理』Vol.64, No.4, 2005年，9頁。

3）FASAB概念書第2号では，「(1) アウトプットの測定値，すなわち提供されたサービスまたは生産物の量や，特定のグループのなかで一定の質的要件を理想的に満たしたサービスまたは生産物を提供しているものの割合と，(2) アウトカムの測定値，すなわちサービスまたはアウトカムの提供によって生じた成果または結果とがある。アウトカムの測定値は，プログラムの最終的なアウトカムかまたは中間的なアウトカムを扱うことが可能であり，その例として提供されたサービスの正確性，適時性，満足度が挙げられる。」と規定する（par.106）。

4）「管理者の説明」とは，財務諸表で報告された情報の正確性，情報の表示の完全性および公正性，すべての重要な点に関する情報の正確性，財政状態と活動成果を公正に表示するような形式での情報の報告に対する自らの責任を履行したことを明らかにしたものである。さらには，当該説明に対する監査人の賛同意見とともに，実体のシステムとコントロールの適正性に関する記述を含むこともある（par.73）。

第14章
政府会計の「貸借対照表」

　第 12・13 章の説明により，政府会計の意義や基本目的などが明らかにされた。本章では，それらに基づいて作成された財務書類である政府会計／貸借対照表について理解するために，「今後の新地方会計の推進に関する研究会報告書」の規定に基づき，その概要（第 1 節），構成要素である「資産の部」表示科目（第 2 節），「負債の部」表示科目（第 3 節），および「純資産の部」表示科目（第 4 節）について解説する[1]。そして，貸借対照表がどのような機能を具備するかを説明する（第 5 節）。

1．政府会計／貸借対照表の概要

　「今後の新地方公会計の推進に関する研究会報告書」における貸借対照表の概括的規定とは，「貸借対照表は，基準日時点における地方公共団体の財政状態（資産・負債・純資産の残高及び内訳）を明らかにすることを目的として作成する。」というものである（第 62 段）。そして，「貸借対照表は，資産の部，負債の部及び純資産の部に区分して表示する。」とされ（第 64 段），「資産及び負債の科目の配列については固定性配列法によるものとし，資産項目と負債項目の流動・固定分類は 1 年基準とする。」と規定される（第 67 段）。様式第 1 号に示された貸借対照表の概要は図表 14 － 1 のとおりである。

図表 14 － 1　政府会計／貸借対照表の概略

（資産の部）	（負債の部）
1．固定資産	1．固定負債
有形固定資産	2．流動負債
無形固定資産	（純資産の部）
投資その他の資産	固定資産等形成分
2．流動資産	余剰分（不足分）

2．貸借対照表／資産の部の表示科目

　総務省「今後の新地方会計の推進に関する研究会報告書」で規定された貸借対照表／資産とは，過去の事象の結果として，特定の会計主体が支配するものであって，将来の経済的便益が当該会計主体に流入すると期待される資源，当該会計主体の目的に直接もしくは間接的に資する潜在的なサービス提供能力を伴うものをいう（第38段）。

　以下では，図表13－1で概略が示された資産の部の表示科目について，規定に基づき説明する。

2.1　固定資産

1　有形固定資産

　有形固定資産は，「事業用資産」，「インフラ資産」および「物品」に分類して表示する（第85段）。

　「事業用資産」は，「土地」，「立木竹」，「建物」，「工作物」，「船舶」，「浮標等」，「航空機」，「その他」および「建設仮勘定」の表示科目を用い，減価償却の方法について注記する（第89段）。

　「インフラ資産」は，システムまたはネットワークの一部であること，性質が特殊なものであり代替的利用ができないこと，移動させることができないこ

と，処分に関し制約を受けることといった特徴を有するものであり，例えば道路ネットワーク，下水処理システム，水道等が該当する（第93段）。表示科目は，「土地」，「建物」，「工作物」，「その他」および「建設仮勘定」であり，減価償却の方法について注記する（第94段）。

「物品」は，地方自治法第239条第1項に規定するもので，原則として取得価額または見積価格が50万円（美術品は300万円）以上の場合に資産として計上する（第98段）。これには，備品・消耗品・材料品・生産品などがある。

2 無形固定資産

無形固定資産は，「ソフトウェア」および「その他」の科目に分類して表示し，減価償却の方法について注記する（第100段）。

「ソフトウェア」は，研究開発費に該当しないソフトウェア制作費であって，当該ソフトウェアの利用により将来の費用削減が確実であると認められるものをいう（第102段）。なお，ソフトウェアの範囲に関しては，実態の把握を行い，地方公共団体に適合した会計上の定義・要件を要領等において整理することとする（第102段）。

3 投資その他の資産

投資その他の資産は，「投資及び出資金」，「投資損失引当金」，「長期延滞債権」，「長期貸付金」，「基金」，「その他」および「徴収不能引当金」に分類して表示する（第104段）。

「投資及び出資金」は，「有価証券」，「出資金」および「その他」の表示科目を用いる（第105段）。有価証券は，地方公共団体が保有している債券等であり，評価基準および評価方法を注記する（第106段）。「出資金」は，公有財産として管理されている出資等をいう（第111段）。

「長期延滞債権」は，滞納繰越調定収入未済の収益および財源であり[2]，内訳に係る附属明細書を併せて作成する（第116段）。

「長期貸付金」は，地方自治法第240条第1項に規定する債権である貸付金

のうち，流動資産に区分されるもの以外のものをいう（第117段）。

「基金」は，流動資産に区分されるもの以外の，「減債基金」および「その他」の表示科目を用いる（第118段）。

「徴収不能引当金」は，投資その他の資産のうち，債権全体または同種・同類の債権ごとに，債権の状況に応じて求めた過去の徴収不能実績率など合理的な基準により算定する（第121段）。

2.2 流動資産

流動資産は，「現金預金」，「未収金」，「短期貸付金」，「基金」，「棚卸資産」，「その他」および「徴収不能引当金」に分類して表示する（第122段）。

「現金預金」は，現金（手許現金および要求払預金）および現金同等物（3ヶ月以内の短期投資等）により構成される（第123段）。このうち現金同等物は，短期投資のほか，出納整理期間中の取引により発生する現金預金の受払いも含み，各地方公共団体が資金管理方針等で歳計現金等の保管方法として定めた預金をいう（第123段）。

「未収金」は，現年調定現年収入未済の収益および財源であり，内訳に係る附属明細書を併せて作成する（第124段）。

「短期貸付金」は，貸付金のうち，翌年度に償還期限が到来するものをいう（第125段）。

「基金」は，財政調整基金および減債基金のうち流動資産に区分されるものをいい，「財政調整基金」および「減債基金」の表示科目を用いる（第126段）。

「棚卸資産」は，売却を目的として自治体が保有している資産であり，会計年度末の帳簿価額と正味実現可能価額のいずれか低い額で測定しなければならない（第127段）。正味実現可能価額とは，通常の事業の過程における予想売価から，完成までに要する見積原価および販売に要する見積費用を控除した額とする（第127段）。

「徴収不能引当金」は，金銭債権で徴収不能のおそれがあるものにつき，当該見込額を繰り入れ，当該金銭債権から控除するものである。算定は，流動資

第 14 章　政府会計の「貸借対照表」　141

産のうち，債権全体または同種・同類の債権ごとに，債権の状況に応じて求め
た過去の徴収不能実績率など合理的な基準により行う（第129段）。

3．貸借対照表／負債の部の表示科目

　総務省「今後の新地方会計の推進に関する研究会報告書」で規定された貸借
対照表／負債とは，過去の事象から発生した，特定の会計主体の現在の義務で
あって，これを履行するためには経済的便益を伴う資源が当該会計主体から流
出し，または当該会計主体の目的に直接もしくは間接的に資する潜在的なサー
ビス提供能力の低下を招くことが予想されるものをいう（第39段）。

　以下では，図表13－1で概略が示された，貸借対照表／負債の部の各表示
科目について，規定に基づき説明する。

3．1　固定負債

　固定負債は，「地方債」，「長期未払金」，「退職手当引当金」，「損失補償等引
当金」および「その他」に分類して表示する（第132段）。

　「地方債」は，地方公共団体が発行した地方債のうち，償還予定が1年超の
ものをいう（第133段）。

　「長期未払金」は，地方自治法第214条に規定する債務負担行為で確定債務
とみなされるものおよびその他の確定債務のうち，流動負債に区分されるもの
以外のものをいう（第134段）。

　「退職手当引当金」は，退職手当のうちすでに労働提供が行われている部分
について，期末要支給額方式で算定したものを計上する（第135段）。また，退
職手当引当金の計上基準および算定方法について注記する（第135段）。

　「損失補償等引当金」は，履行すべき額が確定していない損失補償債務等の
うち，地方公共団体の財政の健全化に関する法律上，将来負担比率の算定に含
めた将来負担額を計上するとともに，同額を臨時損失（損失補償等引当金繰入額）
に計上する（第135段）。損失補償契約に基づき履行すべき額が確定したもの

142

（確定債務）については，貸借対照表に負債（未払金等）として計上するとともに，同額を臨時損失（その他）に計上する（第137段）。

３．２　流動負債

流動負債は，「１年内償還予定地方債」，「未払金」，「未払費用」，「前受金」，「前受収益」，「賞与等引当金」，「預り金」および「その他」に分類して表示する（第139段）。

「１年内償還予定地方債」は，地方公共団体が発行した地方債のうち，１年以内に償還予定のものをいう（第140段）。

「未払金」は，基準日時点までに支払義務発生の原因が生じており，その金額が確定し，または合理的に見積もることができるものをいう（第141段）。

「未払費用」は，一定の契約に従い，継続して役務提供を受けている場合，基準日時点においてすでに提供された役務に対して未だその対価の支払を終えていないものをいう（第142段）。

「前受金」は，基準日時点において，代金の納入は受けているが，これに対する義務の履行を行っていないものをいう（第143段）。

「前受収益」は，一定の契約に従い，継続して役務の提供を行う場合，基準日時点において未だ提供していない役務に対し支払を受けたものをいう（第144段）。

「賞与等引当金」は，基準日時点までの期間に対応する期末手当・勤勉手当および法定福利費を計上し，賞与等引当金の計上基準および算定方法について注記する（第145段）。

「預り金」は，基準日時点において，第三者から寄託された資産に係る見返負債をいう（第146段）。

４．貸借対照表／純資産の部の表示科目

総務省「今後の新地方会計の推進に関する研究会報告書」で規定された貸借対照表／純資産とは，資産から負債を控除した正味の資産をいい，租税等の拠

出および当該会計主体の活動等によって獲得された余剰（または欠損）の蓄積残高である（第40段）。

以下では図表14－1で概略が示された貸借対照表／純資産の部の各表示科目について，規定に基づいて説明する。

4．1　固定資産等形成分

「固定資産等形成分」は，資産形成のために充当した資源の蓄積をいい，原則として金銭以外の形態（固定資産等）で保有される（第150段）。地方公共団体が調達した資源を充当して資産形成を行った場合，その資産の残高（減価償却累計額の控除後）を意味する（第150段）。

4．2　余剰分

「余剰分（不足分）」は，地方公共団体の費消可能な資源の蓄積をいい，原則として金銭の形態で保有される（第151段）。

5．政府会計／貸借対照表の機能

以上により，「今後の新地方会計の推進に関する研究会報告書」が規定する貸借対照表の表示科目が明らかにされた。最大区分は「資産」・「負債」・「純資産」であり，企業会計と同様，「資産」は活動資源で物権・債権を持つもの，「負債」は弁済義務を負う調達財源である。そして資産から負債を差し引いた価額が「純資産」であり，弁済義務を負わず組織の持分となる価額である。

こうした構成要素を持つ貸借対照表が具備する機能を列挙すると，次のとおりである。

① 弁済義務を負わない「純資産」の比率が大きければその分，財政状態が健全であると第三者が判断できる。

② 流動資産は当座（近日）の「支払能力」を示すものであるため，当座の支払義務である流動負債に対する流動資産の比率が大きければその分，安

全性が高いと第三者が判断できる。

上記①の，総資産に対する純資産の比率につき，企業会計では自己資本比率に相当する数値であり，政府会計では「期間衡平性」を査定する数値となる。「期間衡平性」は，現在と将来の住民の衡平性を保つために，当該年度のサービスにかかわる支出負担を，将来の納税者に転嫁してはならないとする会計概念である（第13章・1にて説明）。

表示においては，将来の資産減少をもたらす価額が貸借対照表／負債に計上される。すなわち，純資産の価額が過去の住民負担分を表し，負債の価額が将来の住民負担分を表すため，負債の割合が少ないほど将来負担が少ないという評価ができる。したがって「期間衡平性」の査定は，貸借対照表による，負債価額と純資産価額の当該年度比較により達成される（図表14－2参照）[3]。

図表14－2　貸借対照表の「期間衡平性」査定機能（概念図）

【注】
1)「今後の新地方公会計の推進に関する研究会報告書」は，従前の「新地方公会計制度研究会報告書」および「新地方公会計制度実務研究会報告書」の内容を基本とし，再整理の必要なものを中心に整理されたものである（第6段）。
2)「長期延滞債権」は，調定年度で未収金となり，翌年度以降に滞納繰越分となった収入の未済額の収益（滞納繰越調定収入未済の収益）である。なお調定とは，歳入に係る調査を実施して，年度，納入金額，納入義務者，納期限などを調査・決定する行為をいう。
3) さらに，固定資産の一部であるインフラ資産は将来における維持補修のための支出が伏在するため，表示された当該資産の価額にも将来における住民負担分が含意される。かりに維持補修が毎期実施されるのであれば，住民負担は各年度においてインフラの便益を享受した対価として成立するが，不定期の補修の場合は「期間衡平性」が保たれない。このため，インフラの貸借対照表価額は「期間衡平性」査定のための情報となり得る。

第15章
貸借対照表における「資産の部」の評価

　前章において，政府会計／貸借対照表につき，構成要素である資産の部，負債の部，および純資産の部の内容を示したうえで，全体としての機能を説明した。主たる機能とは，将来の住民負担価額である「負債」と，過去の住民負担価額である「純資産」の比較によって「期間衡平性」の査定が可能となることであった。

　本章では，「今後の新地方会計の推進に関する研究会報告書」が規定する貸借対照表の表示科目を説明し（第1節），このなかで金額的重要性を持ちかつ評価基準の理論的検討を要する，投資その他の資産の評価基準（第2節），事業用資産の評価基準（第3節），およびインフラ資産の評価基準（第4節）について各々説明する。

1．「資産の部」の表示科目

　総務省「今後の新地方会計の推進に関する研究会報告書」が規定する貸借対照表／資産の部の表示科目は図表15－1のとおりである。

146

図表 15 － 1　貸借対照表／資産の部の表示科目

（固定資産）

有形固定資産
事業用資産
土　地
立木竹
建　物
工作物
船　舶
浮標等
航空機
建設仮勘定
インフラ資産
土　地
建　物
工作物
建設仮勘定
物　品
無形固定資産
ソフトウェア
その他
投資その他の資産
投資及び出資金
有価証券
出資金
投資損失引当金
長期延滞債権
長期貸付金
基　金
減債基金
その他
徴収不能引当金

（流動資産）

現金預金
未収金
短期貸付金
基金
財政調整基金
減債基金
棚卸資産
その他
徴収不能引当金

2．投資その他の資産の評価

2．1　有価証券

「有価証券」は，「満期保有目的有価証券」および「満期保有目的以外の有価証券」に区分される（第107段）。

「満期保有目的有価証券」は，満期まで所有する意図を持ち保有する債券で，償却原価法によって算定された価額を用いる（第108段）[1]。ただし市場価格があるものでこれが著しく下落した場合は，回復見込がある場合を除き市場価格で評価される（同段）[2]。

「満期保有目的以外の有価証券」は，市場価格のあるものについては基準日時点における市場価格で評価され，評価額は洗替方式により純資産変動計算書に計上される（第109段）。また，市場価格があるものでこれが著しく下落した場合は，回復見込がある場合を除き市場価格で評価される（同段）[3]。

「満期保有目的以外の有価証券」のうち，市場価格のないものについては，取得原価または償却原価で評価される（第110段）。ただし，株式で発行会社の財政状態の悪化により実質価額が著しく低下した場合には，相当の減額を行う（同段）[4]。

2.2 出資金

「出資金」は，公有財産として管理されている出資等をいう（第111段）。

「出資金」のうち，市場価格があるものは，基準日時点における市場価格をもって貸借対照表価額とし，評価差額は洗替方式により純資産変動計算書に計上される（第112段）。ただし，市場価格のあるものについて，市場価格が著しく下落した場合（下落率が30％以上）には，回復する見込みがあると認められる場合を除き，市場価格をもって貸借対照表価額とし，評価差額を臨時損失として計上する（同段）。回復する見込みがあると認められ，市場価格によって評価しない場合には，その旨，その理由および市場価格との差額を注記する（同段）。

「出資金」のうち，市場価格がないものは，出資金額をもって貸借対照表価額とする（第113段）。ただし，市場価格のないものについて，出資先の財政状態の悪化により出資金の価値が著しく低下した場合（価値低下割合が30％以上）には，相当の減額を行う[5]。

2.3 基 金

「基金」は，「財政調整基金」，「減債基金」，「その他の基金」に区分される（第118段）。「財政調整基金」は，年度間の財源の不均衡を是正するための積立金であり，地方財政法により義務付けられている。

「減債基金」は，公債を償還していくための基金であり，市価を維持させて発行を円滑にすること，および公債の累積を防ぐことがねらいである。当該価額は，一般会計および特別会計より毎期一定で繰り入れられる。

基金の評価基準は，基金を構成する資産の種類に応じて適用する（第119段）。

第 15 章　貸借対照表における「資産の部」の評価　149

3．事業用資産の評価

　事業用資産は，土地，立木竹，建物，工作物，浮標等，船舶，航空機，その他，建設仮勘定の表示科目に分けて表示される（第89段）。

　事業用資産の開始貸借対照表の価額の測定については，取得原価が判明しているものは，原則として当該価額とする。また，取得原価が不明なものは，原則として再調達原価とする（償却資産の場合には，当該価額から減価償却累計額を控除した価額を計上）。開始後については，原則として取得原価とし，再評価はしない（第90段）。

　そして取得原価の判明／不明の判断については，判明状況が各地方公共団体において異なることから，特定の時期を設定し，それ以前のものを，原則として取得原価不明なものとして取り扱う。この際，特定の時期については，地方公共団体における取得情報の判明状況の実態や財源との関係等を踏まえた上で，要領等において整理する（第91段）。

4．無形固定資産の評価

　無形固定資産の表示科目には，ソフトウェアおよびその他の表示科目を用い，減価償却の方法について注記する（第100段）。

　ソフトウェアは，研究開発費に該当しないソフトウェア制作費であり，当該ソフトウェアの利用により将来の費用削減が確実であると認められるものを計上する。計上価額は，当該ソフトウェアの取得に要した費用（過去に遡って算出することが困難な場合，5年間の開発費等の累計）を資産価額とし，定額法による減価償却を行い，当該減価償却費相当額を控除した後の価額とする（第102段）。

5. インフラ資産の評価

　地方政府におけるインフラ資産は，代替的利用ができないこと，移動させることができないこと，売却などの処分に関し制約を受けることといった特徴を有するものであり，例えば道路ネットワーク，下水処理システム，水道等が該当する（第93段）。表示科目には，「土地」，「建物」，「工作物」，「その他」および「建設仮勘定」を用い，さらに減価償却の方法について注記する（第94段）。

　インフラ資産の開始貸借対照表の価額の測定については，取得原価が判明しているものは原則として取得原価とする（第95段）。実際には，資産がすでに存在するのであるが，特定時点で新規に貸借対照表を作成する場合，当該資産を評価・表示したものが開始貸借対照表である。

　そして取得原価が不明なものは，原則として再調達原価とする。ただし，道路等の土地のうち，取得原価が不明なものについては，原則として「備忘価額1円」とする。また，開始後は，原則として取得原価とし，再評価はしない（第95段）。

【注】

1）償却原価法の計算処理については，第4章を参照。

2）なお，債券の市場価格の下落率が30％以上である場合，「著しく下落したとき」に該当するものとし，評価差額を臨時損失として計上する。また，回復する見込みがあると認められ市場価格によって評価しない場合には，その旨・理由および市場価格との差額を注記する（第108段）。

3）注2と同じく，債券の市場価格の下落率が30％以上である場合，「著しく下落したとき」に該当するものとし，評価差額を臨時損失として計上する。また，回復する見込みがあると認められる場合には，その旨・理由および市場価格との差額を注記する（第119段）。

4）なお，実質価額の低下割合が30％以上である場合，「著しく低下したとき」に該当するものとし，強制評価減に係る評価差額は，臨時損失として計上される（第110段）。

5）この強制評価減に係る評価差額については，臨時損失として計上する（第115段）。

第16章
政府会計の「行政コスト計算書」

　本章では，政府会計・財務書類として主に費用を測定・表示する「行政コスト計算書」について，制度形成の経緯を示したうえで（第1節），表示科目の内容（第2節），および計算構造（第3節）について，総務省の規定に沿って明らかにする[1]。さらに，行政コスト計算書がどのような会計的機能を持つかについて説明する（第4節）。

1．行政コスト計算書の制度形成経緯

　行政コスト計算書は，平成13年3月に総務省「地方公共団体の総合的な財務分析に関する調査研究会」（以下，調査研究会）により作成手法が公表され，続く平成18年に「新地方公会計制度研究会」（以下，制度研究会），平成19年に「新地方公会計制度実務研究会」（以下，実務研究会）により，それぞれ規定が公表されている[2]。以下で，これらの形成経緯について概観する。

1.1　「調査研究会」報告書の制度形成経緯
　調査研究会は，収入と費用（収益と費用ではない）を対応させて表示する計算書を「行政コスト計算書」と称し，これには，資産形成につながらない年度行政サービスの提供状況を住民に説明する機能があると規定する[3]。すなわち，「把握したコストでどのような行政活動が展開され，この結果どのような効果を上げられたかを評価することができれば，コストを対比させることにより，行政活動の効率性を検討することができる」[4]と説明する。さらに，「利益を

152

目的として活動している企業においては，損益計算書で売上原価を費用として
算出し，それを損益計算の基礎とするが，営利活動を目的としない地方公共団
体においては，そうした損益計算ではなく，あるサービスにどれだけのコスト
がかかっているかなど行政コストの内容自体の分析を行なう」[5] のが有効とし
ている。

　したがって調査研究会では，収益と費用の対応を図る企業会計的な計算構造
を計算書に取り込むことに否定的であったと推察できる。そもそも自治体の行
政活動は，収支余剰の最大化を目途とはせず，税収および移転収入を財源とす
る予算の策定と，予算範囲内での行政執行を第一義としている。活動コストの
発生において，当該実質である現金支出を上回る余剰獲得は必ずしも重視され
ず，当該差額の多寡を住民に説明する動機は十分でない。こうした観点から，
行政コストの価額を重点的に住民に表示すべきという理念が規定に盛り込まれ
たと考えられる。

1.2 「制度研究会」および「実務研究会」の設立と報告書公表

　こうして，調査研究会の規定に基づく公会計財務書類が各自治体で普及する
なか，平成 17 年 12 月に小泉内閣の閣議決定で政府の資産・債務改革が要請さ
れ，平成 18 年 6 月に「行政改革推進法」の施行によって「企業会計の慣行を参
考とした貸借対照表その他の財務書類の整備に関し必要な情報の提供」を行う
旨が規定された（平成 18 年法律第 47 号）。当該状況下で総務省は，平成 18 年 5 月
に財務書類作成の規定を記した「新地方公会計制度研究会報告書」を公表した。

　さらに，当該報告書が公表された直後の 7 月には，同内閣閣議決定で「経済
財政運営と構造改革に関する基本方針」が打ち出され，国の財務書類に準拠し
た公会計モデルの導入に向け，計画的に整備を進めるよう監督官庁に要請し
た。

　これを受け同年 8 月に，総務事務次官通知で「地方公共団体における行政改
革の更なる推進のための指針」が出され，報告書の新地方公会計モデルを活用
した，財務書類の整備や資産・負債改革に関する具体的な施策策定を各自治体

第 16 章　政府会計の「行政コスト計算書」　153

に要請した。

　そこで総務省は，平成 18 年 7 月に「新地方公会計制度実務研究会」を発足させ，先の制度研究会報告書（平成 18 年）で示されたモデルの実証的検証および資産評価方法等の諸課題を検討したうえで，平成 19 年 10 月に財務書類作成や資産評価に関する実務的な指針を「新地方公会計制度実務研究会報告書」として新たに公表した。

　そこで設定された財務書類の 1 つである「行政コスト計算書」については，企業会計の費用・収益対応に基づく損益計算を前提とせず，コストの測定・表示を第一義とする。当該理念は，調査研究会で示された行政コスト計算書の概念を踏襲したものといえる。

　そしてさらに，以上の 2 つの報告書の内容を再整理した「今後の新地方公会計の推進に関する研究会報告書」が平成 26 年に公表された。ここでも，当該整理を踏まえて新たな行政コスト計算書の規定が示されている。

1．3　表示科目変更の経緯

　以上のように，行政コスト計算書の制度形成経緯においては，損益計算でなく費用管理を中心に掲げる点に着目する必要がある。

　制度研究会が規定するコストとは，①一会計期間中における活動の成果を生み出すための努力として，②資産の流出もしくは減損，または負債の発生の形による経済的便益またはサービス提供能力の減少であって，③会計主体の所有者以外との取引その他の事象から生ずる純資産の減少原因をいう（制度研究会報告書・第 51 段）。

　そしてこの点に関し，調査研究会から制度研究会への移行時に重要な規定概念の変更があり，税収入と資本移転収入とを「非損益取引」とみなして行政コスト計算書から除外している[6]。制度研究会報告書の規定における収益とは，①一会計期間中における活動の成果として，②資産の流入もしくは増加，または負債の減少の形による経済的便益またはサービス提供能力の増加であって，③会計主体の所有者以外との取引その他の事象から生ずる純資産の増加原因を

154

いう（制度研究会報告書・第53段）。他方で税収入は，主権者である住民からの拠出と捉えることから，「所有者以外との取引」の要件に該当せず収益計上されない（制度研究会報告書・第54段）。また，国庫支出金等の受入のうち，資本移転収入（経常費用に対応する経常移転収入に該当しない場合）も同様の理由で収益としては計上されない（制度研究会報告書・第55段）。したがって，表示される科目は経常業務収益と経常移転収入に限定される。

　こうして制度研究会の行政コスト計算書では，収入とコストが対応して表示される。しかし複式計算を前提とすれば，残高（ストック）となる資産・負債の変動をもたらす税収や移転取引などの非損益取引も表示する必要がある。このため制度研究会では，資産・負債変動の原因を表す名目勘定の測定値につき損益計算とそれ以外に峻別し，行政コスト計算書から除外された非損益取引が「純資産増減計算書」（第17章で説明）で計上・表示される。

　さらに，制度研究会の規定を再検証して設定された実務研究会の行政コスト計算書では，経常収益の部における「経常移転収入」を表示科目から削除し，これを純資産変動計算書に計上する。この措置は，国際公会計基準審議会（International Public Sector Accounting Standards Boards: IPSASB）の基準書第23号における「非交換取引」（Non-Exchange Transactions）の概念を斟酌したものであり，経常移転収入を非交換取引に含めて行政コスト計算書から除外する方針が貫かれる（実務研究会報告書・第46段）。このため実務研究会報告書では，行政コスト計算書において経常費用と経常収益のみを表示し，税収とすべての移転収入（すなわち資本移転収入と経常移転収入）を表示対象外としている。

　そして，「今後の新地方公会計の推進に関する研究会報告書」では，実務研究会が規定する行政コスト計算書のコンセプトが踏襲されている。

2. 行政コスト計算書の表示科目

2.1　行政コスト計算書の概略

　以上で述べた経緯により，総務省が規定する行政コスト計算書の様式第2号

第 16 章　政府会計の「行政コスト計算書」　155

では，コストを「経常費用」，収益を「経常収益」として表示する。また，「臨時損失」および「臨時収益」の区分も，平成26年の基準で新たに設けられている。概略は図表16－1のとおりである。

図表 16 － 1　行政コスト計算書の概略

| 経常費用 |
| 業務費用 |
| 人件費 |
| 職員給与費 |
| 賞与等引当金繰入額 |
| 退職手当引当金繰入額 |
| 物件費等 |
| 物件費 |
| 維持補修費 |
| 減価償却費 |
| その他の業務費用 |
| 支払利息 |
| 徴収不能引当金繰入額 |
| 移転費用 |
| 補助金等 |
| 社会保障給付 |
| 他の会計への繰出金 |
| 経常収益 |
| 使用料及び手数料 |
| その他 |
| 純経常行政コスト |
| 臨時損失 |
| 災害復旧事業費 |
| 資産除売却損 |
| 投資損失引当金繰入額 |
| 損失補填等引当金繰入額 |
| 臨時利益 |
| 資産売却益 |
| その他 |
| 純行政コスト |

（注）第4段の「その他」は省略。

2.2 経常費用

経常費用は「業務費用」と「移転費用」に分類される（平成26年基準・第158段）。

1 業務費用

業務費用は，さらに「人件費」・「物件費等」・「その他の業務費用」に分類される（第159段）。

人件費は，「職員給与費」，「賞与等引当金繰入額」，「退職手当引当金繰入額」および「その他」に分類して表示する（第160段）。

物件費等は，「物件費」，「維持補修費」，「減価償却費」および「その他」に分類して表示する（第165段）。物件費は，職員旅費，委託料，消耗品や備品購入費といった消費的性質の経費であって，資産計上されないものをいう。維持補修費は，資産の機能維持のために必要な修繕費等をいう。

その他の業務費用は，「支払利息」，「徴収不能引当金繰入額」および「その他」に分類して表示する（第170段）。支払利息は，地方公共団体が発行している地方債等に係る利息負担金額をいう。徴収不能引当金繰入額は，徴収不能引当金の当該会計年度発生額をいう。

2 移転費用

移転費用は，「補助金等」，「社会保障給付」，「他会計への繰出金」および「その他」に分類して表示する（第174段）。

2.3 経常収益

経常収益は，収益の定義に該当するもののうち，毎会計年度，経常的に発生するものをいう（第179段）。そして経常収益は，「使用料及び手数料」および「その他」に分類して表示する（第180段）。

使用料及び手数料は，地方公共団体がその活動として一定の財・サービスを提供する場合に，当該財・サービスの対価として使用料・手数料の形態で徴収

第16章　政府会計の「行政コスト計算書」　157

する金銭をいう。

3．行政コスト計算書の計算構造

　以上のように行政コスト計算書は，初期段階の「調査研究会」で「コストとこれに対し賄われた収入」を表示したが，その後，「コストとこれから収益を差引いた純行政コスト」を表示する様式に改められた。したがって，計算書に表示される差額は要財源措置価額であり，これは税収や移転収入などで賄う価額となる。そして，税収および移転収入がどれだけ充当されたかは「純資産変動計算書」で把握されることになる。

　純資産変動計算書では，貸方に財源の調達（税収など資産増加の名目勘定），借方に財源の使途（財源措置による資産減少の名目勘定）が表示される（図表16－2参照）。当該差額がプラスであれば，これが貸借対照表／純資産の部の対前年増加額となる。

　そして，行政コスト計算書と純資産変動計算書をフロー計算書とする場合，行政コスト計算書は実質的に，純資産変動計算書における「純行政コストへの財源措置」の内訳明細となる。つまり，行政コスト計算書の最終表示科目となる純行政コストは，行政コストから受益者負担を差し引いた「財政措置を要する価額」であるため，当該価額を純資産変動計算書に振り替えることで，双方の計算書が連携する[7]。

図表16－2　行政コスト計算書と純資産変動計算書の連携

行政コスト計算書		純資産変動計算書	
コスト	収　益	純行政コストへの財源措置	税　収
…………	………	固定資産形成への財源措置	社会保険料
…………	………	…………	移転収入
…………	………	…………	………
	純行政コスト		………

4．行政コスト計算書の機能

　以上により，総務省が規定する行政コスト計算書の表示科目と計算構造が明らかにされた。当該財務書類が具備する機能を列挙すると，次のとおりである。

①　現金の出入りに関係なく「発生」したコストの測定・表示を行うため，行政活動で生じるすべてのコストが把握できる。

②　コストと収益の差額である純行政コストが表示され，純資産の減少価額が明らかとなる。そこで，当該減少の措置に必要な財源の価額が把握できる。

　上記①について，「発生主義」に基づいて測定・表示される科目は，賞与引当金繰入，退職給付費用，減価償却費などである。これら科目の測定・表示により，行政活動という「努力」に起因する資産価額の減少分について，会計計算上の連携により純資産変動計算書に表示されることで，純資産全体の変動における当該価額の大きさ（割合）を把握することができる。

【注】

1）新地方公会計制度研究会報告書（平成18年）では「基準モデル」と「総務省方式改訂モデル」の2規定が存在したが，平成26年の総務省基準は，基準モデルを踏襲している。

2）平成23年度決算においては，96％の自治体が総務省の報告書に基づいて行政コスト計算書を作成・開示している。

3）総務省「地方公共団体の総合的な財務分析に関する調査研究会報告書」，2001年，1頁。

4）同書，2頁。

5）同書，2頁。

6）非損益取引とは，①支出の対価である財貨または役務が当該会計年度を越えて役立ち消滅する取引（資本的取引），②扶助費や補助費のように対価性がない移転・分配などの取

第 16 章　政府会計の「行政コスト計算書」　159

引（非交換取引）をいう（日本公認会計士協会「『公会計概念フレームワーク』に関する論点表」，2003年，5-8頁）。非損益取引につき日本公認会計士協会は，国民の生活に影響を及ぼすものであるため会計情報の測定対象に含めるべきであること，読者の見易さを損なわなければネット・ポジション変動を含めて問題ないこと，政府の財務諸表は経済資源のフローや総財務資源のフローを把握する機能があり非交換取引を区分する必要がないこと等を指摘している（同，5-6頁）。

7) 資産および負債の増減の原因を表す勘定（名目勘定）のうち，収益・コストに係る勘定が行政コスト計算書に誘導され，それ以外が純資産変動計算書に誘導される。そして，行政コスト計算書の積極・消極差額が，要財源措置額として純資産変動計算書に移記される。

161

第17章
政府会計の「純資産変動計算書」

　本章では，政府会計の財務書類の１つであり，貸借対照表／純資産の部の変動価額を測定・表示する「純資産変動計算書」について，その意義（第１節），表示科目（第２節），計算構造（第３節），および機能（第４節）について，総務省「今後の新地方会計の推進に関する研究会報告書」（以下，報告書）の規定に基づいて説明する。

1．純資産変動計算書の表示構造とその意義

　純資産変動計算書は，会計期間中の自治体の純資産の変動，すなわち政策形成上の意思決定などによる純資産の変動，および内部構成の変動（例えば固定資産増加と当該資金の減少など）を明らかにすることを目的として作成する（第194段）。

　純資産が減少する原因としては，「費用」と「その他の純資産減少原因」とがあり，前者は行政コスト計算書に表示され，後者が純資産変動計算書に表示される。

　また，純資産が増加する原因としては，「収益」と「財源」と「その他の純資産増加原因」とがあり，収益は行政コスト計算書に表示され，それ以外が純資産変動計算書に表示される。

　したがって，「費用」と「収益」が行政コスト計算書に表示され，それ以外の純資産増減原因である「財源」，「その他の純資産減少原因」，および「その他の純資産増加原因」が純資産変動計算書に表示される。各々の内容は以下の

とおりである。

① 「財源」は，当該会計期間中における純資産の増加であり，行政コスト計算書に計上されない取引のうち，原則として金銭収入を伴う当期に費消可能な資源の流入をいう。具体的には，税収，国県等補助金の受入などが含まれる（報告書・62頁）。

② 「その他の純資産減少原因」は，固定資産形成への資本的支出による流出，減価償却や除却・売却による固定資産の減少，貸付金の償還などに分類される（報告書・62頁）。

③ 「その他の純資産増加原因」は，固定資産の増加，貸付金・基金等の増加，固定資産の売却収入，貸付金の償還収入などに分類される（報告書・62頁）。

このように，総務省が規定する純資産変動計算書の表示の特質は，「財源」など実質的に純資産変動をもたらす項目だけでなく，「固定資産の増加額と当該形成のための支出額」のように，同一取引における出・入の項目を双方とも表示することである。

こうした表示構造の意義として，貸借対照表における純資産価額の減少が生じれば，現世代が，将来世代にとっても利用可能であった資源を費消して便益を享受する一方で，将来世代にその分の負担が先送りされることを意味する。逆に，純資産価額の増加が生じれば，現世代が自らの負担によって将来世代も利用可能な資源を蓄積したことを意味するので，その分，将来世代の負担が軽減されたことになる（報告書・61頁）。

そこで純資産変動計算書の表示様式は，将来世代も利用可能となった固定資産等の増加額と，当期に費消した資源の流出額（固定資産形成のための資本的支出額）につき，前者を「固定資産等形成分」の区分で表示し，後者を「余剰分（不足分）」として表示するものである。

第 17 章　政府会計の「純資産変動計算書」　163

２．純資産変動計算書の表示科目

　以上のように，総務省「今後の新地方公会計の推進に関する研究会報告書」
が規定する純資産変動計算書は，会計期間中の地方公共団体の純資産の変動，
すなわち政策形成上の意思決定などによる純資産の変動，および純資産の内部
構成の変動（例えば固定資産増加と当該形成のための資金減少の取引高）を明らかにす
ることを目的として作成される（第194段）。規定された純資産変動計算書の様
式は，図表 17 － 1 のとおりである。

図表 17 － 1　純資産変動計算書の様式

	合　計	固定資産等形成分	余剰分（不足分）
前年度末純資産残高			
純行政コスト（△）			
財　源			
税収等			
国県等補助金			
本年度差額			
固定資産等の変動（内部変動）			
有形固定資産等の増加			
有形固定資産等の減少			
貸付金・基金等の増加			
貸付金・基金等の減少			
資産評価差額			
無償所管換等			
その他			
本年度純資産変動額			
本年度末純資産残高			

出所：総務省「今後の新地方公会計の推進に関する研究会報告書」，2014 年，39 頁。

164

「純行政コスト」は，行政コスト計算書の収支尻である純行政コストと連携する（第197段）。行政コスト計算書の収支尻は，行政コスト（人件費・物件費など）から経常収益（使用料・手数料など）を差し引いた純資産の変動額であり，通常はマイナスであることから，税収等の財源によって賄われるべき金額となる。そこで，純資産変動計算書において，税収等の「財源」と対応して「純行政コスト」が表示される。

「財源」は，「税収等」および「国県等補助金」に分類して表示する（第198段）。税収等は，地方税，地方交付税および地方譲与税等をいう。また，国県等補助金は，国庫支出金および都道府県支出金等をいう。

「固定資産等の変動（内部変動）」は，「有形固定資産等の増加」，「有形固定資産等の減少」，「貸付金・基金等の増加」および「貸付金・基金等の減少」に分類して表示する（第201段）。そして図表において，固定資産等の変動（内部変動）の項目には，「固定資産等形成分」の区分と「余剰分（不足分）」の区分の2つの内訳がある（横軸）。固定資産等の増加額については「固定資産形成分等」として表示し，同時に，固定資産等形成のための支出額を「余剰分（不足分）」として表示する。したがって，正負が必ず逆になる。

「有形固定資産等の増加」は，有形固定資産および無形固定資産の形成による保有資産の増加額，または有形固定資産および無形固定資産の形成のために支出した金額をいう（第202段）。前者は「固定資産等形成分」の区分で，後者は「余剰分（不足分）」の区分で表示される。

「有形固定資産等の減少」は，有形固定資産および無形固定資産の減価償却費相当額および除売却による減少額，または有形固定資産および無形固定資産の売却収入（元本分）などをいう（第203段）。前者は「固定資産等形成分」の区分で，後者は「余剰分（不足分）」の区分で表示される。

「貸付金・基金等の増加」は，貸付金・基金等の形成による保有資産の増加額，または新たな貸付金・基金等のために支出した金額をいう（第204段）。前者は「固定資産等形成分」の区分で，後者は「余剰分（不足分）」の区分で表示される。

第 17 章　政府会計の「純資産変動計算書」　165

　「貸付金・基金等の減少」は，貸付金の償還および基金の取崩等による減少額，または貸付金の償還収入および基金の取崩収入相当額等をいう（第205段）。前者は「固定資産等形成分」の区分で，後者は「余剰分（不足分）」の区分で表示される。

　「資産評価差額」は，有価証券等の評価差額をいう（第206段）。

　「無償所管換等」は，無償で譲渡または取得した固定資産の評価額等をいう（第207段）。

　そして，図表17 - 1における純資産変動計算書の表示区分である「固定資産等形成分」と「余剰分（不足分）」の収支尻は，貸借対照表の純資産の部の同一名称の表示区分である「固定資産等形成分」と「余剰分（不足分）」と連動する（第197段）。これは，企業会計における純利益の連動と同様の構造である。

3．純資産変動計算書の計算構造

　総務省が規定する地方政府会計／財務書類において，純資産変動計算書が関係する計算構造上の連携は複数存在する。

　まず，純資産変動計算書の「純行政コスト」は，行政コスト計算書の収支差額である「純行政コスト」と連携する（第197段）。また，純資産変動計算書の各表示区分（固定資産等形成分・余剰分（不足分））の期末残高は，貸借対照表／純資産の部の同一名称表示区分と連携する（第197段）。これらの概要を図示すると，図表17 - 2のとおりである。

図表17－2　純資産変動計算書に係る財務書類の連携

出所：総務省「統一的な基準による地方公会計マニュアル」2015年，5頁をもとに作成。

　複式簿記によれば，資産もしくは負債の増減とその原因とが借方と貸方に同じ価額で仕訳されるため，各勘定は相互に結び付いている。そして最終的に，全勘定が貸借均衡を維持しつつ締め切られる（複式簿記の有機性）。こうした複式簿記に基づく会計計算構造は，すべての財務書類の貸借が必ず一致するという，計算の信頼性を保証するものとなる[1]。

4．純資産変動計算書の機能

　以上のとおり，総務省が規定する純資産変動計算書は，会計期間中の自治体の純資産の変動，すなわち，①税収・国県等補助金など財源の増加額，②収益以外の純資産増加原因（その他の純資産増加原因），③費用以外の純資産減少原因（その他の純資産減少原因）が表示される[2]。

　まず，純資産変動計算書の最上段には，行政コスト計算書において表示された費用と収益の差額（収支尻）である「純行政コスト」が表示され，当該不足分を賄う税収および国県補助金の金額が，「財源」として対応的に表示される。図表17－3では，行政コスト計算書の収支尻と連動した「純行政コスト」が△570であり，この不足額を賄う「税収等」および「国県等補助金」の合計が600であるため，差額の30が，「余剰分（不足分）」の区分に表示される。これにより，当期に費消可能な資源の流入額が30であることが把握できる。

第 17 章　政府会計の「純資産変動計算書」　167

図表 17 － 3　純資産変動計算書の機能

	合　計	固定資産 等形成分	余剰分 （不足分）
前年度末純資産残高			
純行政コスト（△）	△ 570		△ 570
財　源			
税収等	500		500
国県等補助金	100		100
本年度差額	30		30
固定資産等の変動（内部変動）			
有形固定資産等の増加		500	△ 500
有形固定資産等の減少			
貸付金・基金等の増加		100	△ 100
貸付金・基金等の減少			
資産評価差額			
無償所管換等			
その他			
本年度純資産変動額		600	△ 570
本年度末純資産残高		600	△ 570

出所：総務省「統一的な基準による地方公会計マニュアル」2015 年，16 頁を参照。

　また純資産変動計算書の表示においては，内部構成の変動，例えば「固定資産の増加額」と「固定資産形成資金の減少額」を同時に明らかにすることが特徴的である。図表 17 － 3 において，有形固定資産の増加額 500 は「固定資産等形成分」の区分に計上され，同時に，当該対価である資金の減少額△ 500 が「余剰分（不足分）」の区分に計上されている（正負逆）。同様に，貸付金・基金等の増加額 100，資金減少額△ 100 が同時に計上されている。これに対し有形固定資産が減少した場合は，「固定資産形成分」の区分にマイナス金額が計上され，同時に固定資産売却収入など当期に費消可能な資源の流入額が「余剰分

（不足分）」の区分にプラス金額で計上される。

　このような表示構造においては，トータルとしての純資産増減額はゼロとなるが，各々を区分することにより，現世代と将来世代の負担分をそれぞれ把握することができる。すなわち，資金的な資産の減少が生じれば，現世代が，将来世代にとっても利用可能であったはずの資源を費消して便益を享受する一方で，将来世代は当該便益を享受できないことになる。ただし当該減少によって有形固定資産等が増加すれば，将来世代も利用可能な資源が蓄積されたことになる。そこで，将来世代も利用可能な「固定資産等」の増加額（図表17－3では600）については「固定資産形成分」の区分で把握でき，財源の余剰分（図表17－3では30）と固定資産形成等支出による資源費消額（図表17－3では△600）については「余剰分（不足分）」の区分で把握できる。

【注】

1）宮本幸平『公会計複式簿記の計算構造』中央経済社，2007年，32-35頁。
2）したがって，「費用」と「収益」が行政コスト計算書に表示され，「財源」，「その他の純資産減少原因」，「その他の純資産増加原因」が純資産変動計算書に表示される。

第18章
政府会計の「資金収支計算書」

　本章では，政府会計財務書類のなかで，「資金」の出入りを捕捉して測定・表示する「資金収支計算書」について，その意義（第1節），計算書に表示される「資金」の概念（第2節），計算書の表示科目（第3節），計算構造（第4節）について，総務省「今後の新地方公会計の推進に関する研究会報告書」（以下，報告書）の規定に基づいて説明する。

1．資金収支計算書の意義

　資金収支計算書は，地方政府の資金収支（現金の出入り）の状態，すなわち地方政府の内部者（首長・議会・機関等）の諸活動に伴う資金利用状況および資金獲得能力を明らかにすることを目的として作成する（第209段）。

　日本公認会計士協会「公会計概念フレームワーク」（2003）によれば，企業会計／キャッシュ・フロー計算書は，企業の資金繰り（流動性）確保のためのモニタリング（監視）機能が主に期待される。他方，地方政府会計は，課税徴収権等に由来する資源調達上の優位性により，流動性確保を顧慮する動機に乏しいため，資源配分のための情報提供にウェイトが置かれる[1]。したがって，地方政府が作成する資金収支計算書は，予算準拠性の確保および予算統制のために予算編成過程において主に利用される[2]。

2．資金収支計算書における「資金」概念

　地方政府会計／資金収支計算書における「資金」の概念は，「現金」および「現金同等物」により構成される。現金とは，手許現金および要求払預金を意味し，現金同等物とは，①容易に換金可能でありかつ，価値の変動について僅少なリスクしか負わない短期投資，②出納整理期間中の取引により発生する資金の受払いを意味する（報告書，63頁）[3]。

3．資金収支計算書の表示科目

3.1　資金収支計算書の概略

　総務省が規定する「資金収支計算書」では，資金収支の性質に応じて「業務活動収支」，「投資活動収支」および「財務活動収支」の三区分による表示を行う（第212段）。各区分の内容は，次のとおりである（報告書，63頁）。

- ・「業務活動収支」は，地方公共団体の経常活動に伴い，継続的に発生する資金収支を意味する。
- ・「投資活動収支」は，地方公共団体の資本形成活動に伴い，臨時・特別に発生する資金収支を意味する。
- ・「財務活動収支」は，地方公共団体の負債の管理に係る資金収支（地方債の発行および元本償還等）を意味する。

　以上の三区分に基づく「資金収支計算書」の表示科目を，図表18−1に示す。

第 18 章 政府会計の「資金収支計算書」 171

図表 18 - 1 資金収支計算書の表示科目（概略）

【業務活動収支】
業務支出
業務費用支出
人件費支出
物件費等支出
支払利息支出
移転費用支出
補助金等支出
社会保障給付支出
他会計への繰出支出
業務収入
税収等収入
国県等補助金収入
使用料及び手数料収入
臨時支出
災害復旧事業費支出
臨時収入
【投資活動収支】
投資活動支出
公共施設等整備費支出
基金積立金支出
投資及び出資金支出
貸付金支出
投資活動収入
国県等補助金収入
基金取崩収入
貸付金元金回収収入
資産売却収入
【財務活動収支】
財務活動支出
地方債償還支出
財務活動収入
地方債発行収入
本年度資金収支額

（注）「その他」の科目は省略。

3.2 「業務活動収支」の表示科目

業務活動収支は，「業務支出」，「業務収入」，「臨時支出」および「臨時収入」に分類して表示する。

業務支出は，「業務費用支出」および「移転費用支出」に分類して表示する（第216段）。

「業務費用支出」は，「人件費支出」，「物件費等支出」，「支払利息支出」および「その他の支出」に分類して表示する（第217段）。このうち「支払利息支出」は，地方債等に係る支払利息の支出をいう（第220段）。

「移転費用支出」は，「補助金等支出」，「社会保障給付支出」，「他会計への繰出支出」および「その他の支出」に分類して表示する（第222段）。

業務収入は，「税収等収入」，「国県等補助金収入」，「使用料及び手数料収入」および「その他の収入」に分類して表示する（第227段）。このうち「国県等補助金収入」は，国県等補助金のうち業務支出の財源に充当した収入をいう（第229段）。

臨時支出は，「災害復旧事業費支出」および「その他の支出」に分類して表示する（第232段）。

臨時収入は，臨時にあった収入をいう（第235段）。

3.3 「投資活動収支」の表示科目

投資活動収支は，「投資活動支出」および「投資活動収入」に分類して表示する。

投資活動支出は，「公共施設等整備費支出」，「基金積立金支出」，「投資及び出資金支出」，「貸付金支出」および「その他の支出」に分類して表示する（第237段）。このうち「公共施設等整備費支出」は，有形固定資産等の形成に係る支出をいう（第238段）。

投資活動収入は，「国県等補助金収入」，「基金取崩収入」，「貸付金元金回収収入」，「資産売却収入」および「その他の収入」に分類して表示する（第243段）。このうち「国県等補助金収入」は，国県等補助金のうち，投資活動支出

の財源に充当した収入をいう（第244段）。

3.4 「財務活動収支」の表示科目

財務活動収支は，「財務活動支出」および「財務活動収入」に分類して表示する（第249段）。

財務活動支出は，「地方債償還支出」および「その他の支出」に分類して表示する（第250段）。このうち「地方債償還支出」は，地方債に係る元本償還の支出をいう（第251段）。

財務活動収入は，「地方債発行収入」および「その他の収入」に分類して表示する（第253段）。

4．資金収支計算書の計算構造

一般に資金収支計算書は，資金の出入りの原因，すなわち収入と支出の金額を表示したものであり，その差額は当期における資金の増減額を示す。総務省が規定する資金収支計算書では，当該差額（会計年度末資金残高）に「年度末歳計外現金残高」[4]を加えたものが，貸借対照表／資産の部の現金預金勘定と連動する（第214段）。連動の構造を図表18－2に示す。

図表18－2 資金収支計算書の計算構造（概要）

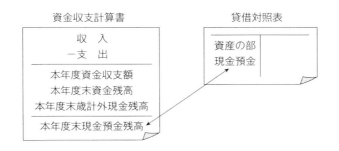

【注】

1）日本公認会計士協会「公会計概念フレームワーク」，2003年，52頁。

2）同上書，52-53頁。

3）「出納整理期間」とは，前会計年度末までに確定した債権債務について，現金の未収未払の整理を行うために設けられた期間をいう。通常，会計年度終了後の翌年度4月1日から5月31日までの2カ月間である。

4）歳計外現金とは，地方公共団体の所有に属しない現金であり，職員の給与に係る源泉徴収所得税，住民税，入札保証金，契約保証金，公営住宅敷金などが含まれる。

索　引

A－Z

FASAB ··· 132
GASB ·· 128，131
NPO法人会計／活動計算書 ·········· 82，84
NPO法人会計／貸借対照表 ···················· 87
NPO法人会計基準 ···································· 81
NPO法人特有の取引等 ·················· 86，89

ア

医業収益 ·· 100，101
医業費用 ·· 100，101
医業利益 ·· 100，101
一般正味財産 ····················· 12，44，48，51
　　　　増減の部 ························ 49，54
移転費用 ·· 156
インフラ資産 ······························ 138，150
受取会費 ·· 51，85
受取寄付金 ·· 85

カ

開始貸借対照表 ····························· 149，150
概念フレームワーク ···························· 131
貸倒引当金 ·· 30
学校法人会計 ······································ 109
　　　／活動区分資金収支計算書 ······ 112
　　　／事業活動収支計算書 ·············· 113
　　　／資金収支計算書 ···················· 110
　　　／貸借対照表 ·························· 115
　　　　基準 ···································· 109
活動業績 ·· 133，134

間接法 ·· 59，105
期間衡平性 ··························· 124，132，144
企業会計 ·· 5
基金 ·· 140，148
機能 ······························· 12，54，63，124
寄付金 ·· 40，87
基本金 ··································· 77，115，116
　　　　組入額 ···················· 74，113，118
　　　　引当特定資産 ············· 115，116
基本財産 ···································· 7，19，39
基本目的 ··························· 131 ～ 133，136
キャッシュ・フロー計算書 ·········· 57，62
キャッシュ・フローへの調整額 ·········· 64
教育活動外収支 ···································· 114
教育活動収支 ·· 114
行政コスト計算書 ········· 125 ～ 127，151，
　　155，157，164
　　　　の機能 ·································· 158
業務活動収支 ······························ 170，172
業務費用 ·· 156
均衡予算 ·· 132
計算構造 ····················· 50，61，165，173
経常収益 ·· 156
経常費用 ·· 156
減価償却 ······························· 20，53，97
　　　　費 ·································· 61，85
減債基金 ·· 148
減損会計 ·· 21
公益法人会計 ·· 9
　　　／キャッシュ・フロー計算書
　　　　··· 57，58

────／正味財産増減計算書‥‥‥‥47

────／貸借対照表‥‥‥‥9，15，29

国庫補助金‥‥‥‥72

────等特別積立金‥‥‥‥71，72，77

固定資産‥‥‥‥10，16，18，77，88，89，95，138

────等形成分‥‥‥‥143，164

────等の変動‥‥‥‥164

固定負債‥‥‥‥11，29，30，96，141

サ

財源‥‥‥‥162，164

財政調整基金‥‥‥‥148

歳入歳出計算‥‥‥‥123

財務活動支出‥‥‥‥59

財務活動収支‥‥‥‥170，173

財務活動収入‥‥‥‥59

サービス活動外増減の部‥‥‥‥73

時価情報‥‥‥‥26

事業活動支出‥‥‥‥59

事業活動収入‥‥‥‥59

事業活動による収支‥‥‥‥69

事業用資産‥‥‥‥138，149

資金‥‥‥‥104，170

────収支計算書‥‥‥‥126，127，169，170

資産‥‥‥‥15

────評価差額‥‥‥‥165

システムとコントロール‥‥‥‥133，135

施設整備等による収支‥‥‥‥70

指定正味財産‥‥‥‥7，12，43，48，51

────増減の部‥‥‥‥49，51，54

市民‥‥‥‥128，129

社会福祉法人会計‥‥‥‥65

────／事業活動計算書‥‥‥‥70，71

────／資金収支計算書‥‥‥‥67，69

────／貸借対照表‥‥‥‥75

────／附属明細書‥‥‥‥78

────基準‥‥‥‥65

住民‥‥‥‥128

受託責任‥‥‥‥133，135

出資金‥‥‥‥148

純行政コスト‥‥‥‥126，155，157，164

純コスト計算書‥‥‥‥134

純資産‥‥‥‥97

────の部‥‥‥‥77

純資産変動計算書‥‥‥‥126，127，157，161 ～ 163

────の機能‥‥‥‥166

情報利用者‥‥‥‥128

正味財産‥‥‥‥37，38，42，47

────増減計算書‥‥‥‥43，44，47，54

賞与等引当金‥‥‥‥142

賞与引当金‥‥‥‥32

助成金‥‥‥‥90，91

人件費‥‥‥‥83

出納整理期間‥‥‥‥170

政府会計‥‥‥‥5

────／貸借対照表‥‥‥‥137，145

説明責任‥‥‥‥132

総務省‥‥‥‥125

その他の純資産減少原因‥‥‥‥162

その他の純資産増加原因‥‥‥‥162

その他の積立金‥‥‥‥78

ソフトウェア‥‥‥‥139，149

損失補償等引当金‥‥‥‥141

タ

貸借対照表‥‥‥‥37，125 ～ 127

────／資産の部‥‥‥‥138，146

────／純資産の部‥‥‥‥142，161

────／負債の部‥‥‥‥141

────の機能‥‥‥‥143

退職給付引当金‥‥‥‥32，61

退職手当引当金‥‥‥‥141

索　引　177

棚卸資産································88 〜 90．98
地方公会計制度·····························125
地方債····································141
地方自治法·······························123
地方政府·································123
長期延滞債権······························139
徴収不能引当金····························140
直接法····························58．61．105
投資及び出資金···························139
投資活動支出·······························59
投資活動収支·························170．172
投資活動収入·······························59
投資その他の資産····················139．147
当年度収支差額······················118．119
特定資産·······················19．39．88
特別増減の部·······························73
独立行政法人会計基準······················34

ナ

ネット・ポジション変動計算書··············134

ハ

発生主義·································102
非営利組織·······················3．4．6
───会計······························5
引当金·································30．88
非交換取引·······························154
非損益取引·······························153
病院会計／キャッシュ・フロー計算書·····102
病院会計／損益計算書······················99
病院会計／貸借対照表······················94

病院会計／附属明細書······················106
病院会計準則····················93．94
費用収益対応の原則·······················102
複式簿記·································126
負債·························29．34．77
プログラム業績測定値報告書··············134
補助金·················42．90．91．96．97
ボランティア受入評価益····················87
ボランティア評価費用······················87

マ

満期保有目的の債券························22
未収金····························61．98
無形固定資産····················99．139．149

ヤ

役員退職慰労引当金·······················34
有価証券·····················21．98．147
有形固定資産····················98．138
予算資源報告書···························134
予算遵守······················124．133．134
予算編成·································128
余剰分·································143．164

ラ

リース会計·································24
リース取引·······························88
流動資産···············10．16．17．76．95．140
流動負債···············11．29．30．96．142
連携構造·································43

《著者紹介》

宮本幸平（みやもと・こうへい）

1963 年　神戸市生まれ。
京都大学大学院経済学研究科博士課程修了。
京都大学博士（経済学）。
現　在　神戸学院大学経営学部教授。
　　　　京都大学公共政策大学院非常勤講師。
　　　　京都大学経済学部非常勤講師。
　　　　川西市上下水道事業経営審議会審議委員。
　　　　丹波市入札監視委員会審議委員。

主要著書

『企業不正支出とコーポレートガバナンス』中央経済社，2002 年。
『GASB/FASAB 公会計の概念フレームワーク』藤井秀樹監訳，中央経済社
　　2003 年。
『自治体の財務報告と行政評価』中央経済社，2004 年。
『公会計複式簿記の計算構造』中央経済社，2007 年。
『非営利組織会計テキスト』創成社，2012 年。
『政策評価における公会計の機能』税務経理協会，2013 年。
「企業会計との統一化を指向した政府会計の表示の妥当性考察」『公会計研
　　究』第 15 巻第 2 号，2014 年。（平成 26 年度国際公会計学会 学会賞受賞）
『非営利組織会計基準の統一 ―会計基準統一化へのアプローチ―』森山書
　　店，2015 年。（平成 26 年度会計理論学会 学会賞受賞）

（検印省略）

2017 年 3 月 20 日　初版発行　　　　　　　　　　略称 ― 非営利政府

非営利・政府会計テキスト

著　者　宮　本　幸　平
発行者　塚　田　尚　寛

発行所　東京都文京区　**株式会社　創 成 社**
　　　　春日 2 - 13 - 1

電　話　03（3868）3867　　Ｆ Ａ Ｘ　03（5802）6802
出版部　03（3868）3857　　Ｆ Ａ Ｘ　03（5802）6801
http://www.books-sosei.com　振　替　00150-9-191261

定価はカバーに表示してあります。

© 2017 Kohei Miyamoto　　　　　組版：トミ・アート　印刷：Ｓ・Ｄプリント
ISBN978-4-7944-1509-7 C3034　　製本：宮製本所
Printed in Japan　　　　　　　　落丁・乱丁本はお取り替えいたします。

簿記・会計選書

非営利・政府会計テキスト	宮 本 幸 平	著	2,000 円
ゼ ミ ナ ー ル 監 査 論	山 本 貴 啓	著	3,000 円
財 務 会 計 論 講 義	林 兵 磨	著	2,000 円
国 際 会 計 の 展 開 と 展 望 — 多 国 籍 企 業 会 計 と IFRS —	菊 谷 正 人	著	2,600 円
IFRS 教 育 の 実 践 研 究	柴 健 次	編著	2,900 円
IFRS 教 育 の 基 礎 研 究	柴 健 次	編著	3,500 円
投 資 不 動 産 会 計 と 公 正 価 値 評 価	山 本 卓	著	2,500 円
不 動 産 会 計 と 経 営 行 動 — 公 正 価 値 と 環 境 リ ス ク を 背 景 に —	山 本 卓	著	2,200 円
会 計 不 正 と 監 査 人 の 監 査 責 任 — ケ ー ス ・ ス タ デ ィ 検 証 —	守 屋 俊 晴	著	3,800 円
キャッシュフローで考えよう! 意 思 決 定 の 管 理 会 計	香 取 徹	著	2,200 円
会 計 原 理 — 会 計 情 報 の 作 成 と 読 み 方 —	斎 藤 孝 一	著	2,000 円
現 代 会 計 の 論 理 と 展 望 — 会 計 論 理 の 探 究 方 法 —	上 野 清 貴	著	3,200 円
簿 記 の ス ス メ — 人 生 を 豊 か に す る 知 識 —	上 野 清 貴	監修	1,600 円
複 式 簿 記 の 理 論 と 計 算	村 田 直 樹 竹 中 徹 森 口 毅 彦	編著	3,600 円
複 式 簿 記 の 理 論 と 計 算　問 題 集	村 田 直 樹 竹 中 徹 森 口 毅 彦	編著	2,200 円
社 会 化 の 会 計 — す べ て の 働 く 人 の た め に —	熊 谷 重 勝 内 野 一 樹	編著	1,900 円
活動を基準とした管理会計技法の展開と経営戦略論	広 原 雄 二	著	2,500 円
ライフサイクル・コスティング — イ ギ リ ス に お け る 展 開 —	中 島 洋 行	著	2,400 円

(本体価格)

━━━ 創 成 社 ━━━